一线教师怎样做教研

教育写作与课题研究实用技巧20讲

刘祥 著

湖南人民出版社·长沙

本作品中文简体版权由湖南人民出版社所有。
未经许可，不得翻印。

图书在版编目（CIP）数据

一线教师怎样做教研 / 刘祥著. －－ 长沙：湖南人民出版社，2024. 11. －－
ISBN 978-7-5561-3697-1
Ⅰ. G420
中国国家版本馆CIP数据核字第202423N3P5号

一线教师怎样做教研
YIXIAN JIAOSHI ZENYANG ZUO JIAOYAN

著　　者：刘　祥
出版统筹：陈　实
监　　制：傅钦伟
资源运营：湖南中教出版传媒有限公司
责任编辑：姚忠林
特邀编辑：陈　曦
产品经理：冯紫薇
责任校对：夏丽芬
封面设计：董严飞

出版发行：湖南人民出版社［http://www.hnppp.com］
地　　址：长沙市营盘东路3号　邮　编：410005　电　话：0731-82683313
印　　刷：长沙新湘诚印刷有限公司
版　　次：2024年11月第1版　　　　　　　　印　次：2024年11月第1次印刷
开　　本：880 mm×1230 mm　1/32　　　　　印　张：8.5
字　　数：210千字
书　　号：ISBN 978-7-5561-3697-1
定　　价：52.00元

营销电话：0731-82221529（如发现印装质量问题请与出版社调换）

目　录

推荐序　　　　　　　　　　　　　　　　001
自　序　从浪漫走向理想　　　　　　　　005

第一辑　教育写作的秘密

第1讲　教育写作的"三重密码"　　　　　003
第2讲　教育写作的"四大视角"　　　　　015
第3讲　追寻"生命在场"的教学叙事　　　026
第4讲　案例分析，切勿"课程"缺位　　　037
第5讲　文本解读，从常识和人性出发　　　048
第6讲　教学反思的思维路径与写作技巧　　061
第7讲　教学论文的选题与立意　　　　　　072
第8讲　教学论文的写作框架建构　　　　　083
第9讲　教学论文中的说理技巧　　　　　　094

第二辑 课题研究的技巧

第10讲	如何选择适宜的研究项目	109
第11讲	如何填写一份完整的课题申报书	125
第12讲	如何阐释核心概念	133
第13讲	如何检索并描述国内外研究现状与研究价值	147
第14讲	如何设定课题的目标、内容与重点	157
第15讲	如何阐释课题的研究思路、过程与方法	170
第16讲	如何拟写课题的主要观点	182
第17讲	如何提炼与表达课题的创新之处	194
第18讲	如何设定预期研究成果	204
第19讲	如何开展真正的课题研究	218
第20讲	如何结题	234

后　记　　　　　　　　　　　　　　　　　　　251

推荐序

真诚感谢刘祥兄在他的新著付梓之际,让我享有先睹为快的机会。面对如此丰硕而专业的教研成果,岂敢作序,姑且写下真诚的感悟,不枉刘祥兄的厚爱。

回想与刘祥兄的交往,当时即有相见恨晚的感觉。他对语文教学如此热爱,他对教育如此深情,他的名字是与他一百多节有研究价值的课堂联系在一起的,是和他发表的上千篇教育文章联系在一起的,是和他多个省级以上的课题研究联系在一起的,是和他的十几部著作联系在一起的。他用无尽的思考探究以及由此凝聚而成的文章表达着他对语文和教育的热爱。

拜读了刘祥兄这部关于论文写作和课题研究的著作后,我再次深感同他相见恨晚。他早应该把自己 30 多年的教学智慧与研究成果的精华展示给正在专业路上跋涉前行的老师。刘祥兄为在论文写作和课题研究上遇到难题的同行提供了一整套具有"体系化""专业化""真实性"的"流程",这是很稀缺的第一手资料。刚踏上教师岗位的年轻教师读之会如获至宝,已然成为骨干教师乃至专业的教育科研工作者,也能从中获得诸多启发。

刘祥老师是实力派语文名师,这个"名"很少有行政赋予的学术光环,更多是他用30多年一线教学的打拼锻造而成的"金字招牌",是一棵常青树。因为读者朋友们读到这本书之时,也许正是刘祥兄光荣退休之际。这本书,并不是他为自己的教育生涯所做的一番总结。这不仅是他深厚教学功力的自然表达,也是他钟爱语文、热爱教育的又一见证!

刘祥兄年轻时加入了朱永新先生领导的"新教育实验"团队,一批志同道合者开始了日写千言、积极成长的专业"竞赛"。朱永新先生将教师成长的经验提炼为专业阅读、专业写作、专业发展的"吉祥三宝",刘祥老师无疑是深谙其理、深践其道的。在朱永新先生的影响下,刘祥老师偕同一批志同道合的特级教师共同发起成立了"新教育星火教师"项目,他牺牲节假日时间为中西部地区20个省的乡村骨干教师开展了百余场公益支教活动,现身说法,躬亲示范,让越来越多的教师走上专业发展的"快车道"。这是一位点燃教育火把的教师!

这一刻,我开始认真思考。或者说,我一方面通过一行行文字探寻刘祥老师的发展轨迹,又着意寻找他可以给后来者带来怎样的启发。每一位优秀教师的成长都离不开教科研,刘祥老师自然更不例外,这些令众多教师羡慕的公开课、教育论文、课题、著作的数量就足以见证他专业的高度。对于更多的教师来说,即便在某一个方面能达到刘祥老师的这个成果"量",也可以成为地区甚至全省有影响力的名师了。

很多教师把论文写作视为难题,但在刘祥老师眼里,写论文肯定是一件很轻松的"活儿"。如果要探寻他论文写作的经验，就是及时记录教学实践，这也成为他这本书的写作脉络。他把一堂堂课整理成论文，把一个个教学创意设计成论文，把破解一个个教学难题的过程撰写成论文，个中辛苦、个中快乐，只有躬身入局者才能感同身受。

刘祥老师是朴实的，文如其人，课如其人。他的谈吐举止，无不流露出朴实的模样。但这朴实中又多了一份思辨，多了一份深度。他扎扎实实地走过教育生涯的每一个阶段。他的专业水平发展并没有什么诀窍，只有"土办法""笨功夫"。勤奋是名师成长的标配，而他把勤奋做成了专业。他不因为获得功名而沽名钓誉，也不因为专业水平达到了一定的高度而停下教研的脚步，更不因为临近退休就理直气壮地躺平。他始终勤奋耕耘，就像一个农民，始终不离开土地。正是这种扎根课堂的朴实，才让他对教育有了如此深刻的体悟！

刘祥老师的教学研究是真实的。在这部著作中他呈现了数百个案例，无论是课例，还是论文、课题，绝大多数都是他亲身经历、亲自研究的教育智慧的结晶。他娓娓道来的既不是空洞的理论，也不是学术化的概念，而是灵动生成的教育叙事，信手拈来，丝毫没有断裂感。这使我读起来酣畅淋漓，眼前总能浮现出那个皮肤有些黝黑的农夫——微微冒汗地在教育田野上劳作着，实践着，思考着，记录着。如果要问教师的写作对教学来说是否有效，刘祥老师的成长即是最好的证明。他把论文写在课堂上，他把科研做在课堂上，不赶时髦，不玩噱头，他用自己完整的语文教育实践证明了自己。

刘祥老师的这本书是实用的。如果你还不知道课题申报书如何填报，如果你还不清楚课题申报的全流程，那么这本书毫无保留地介绍了课题研究的每一个环节，这些都是刘祥老师自己的案例，而且典型详尽，原汁原味，用实例说话，让老师们在进行课题研究时有章可循。它既可以让初学者踏上快车道，又可以让艰难跋涉的独行者少走弯路，及时"避坑"。他的教科研成果不仅提供了富含"量"的现场案例，更为我们的论文写作和课题研究提供了"质"的借鉴价值。他用自己的研究和成果回应了"教科研没有用"的谬论，也用自己的教育田野实践破解了教研"两层皮"的现实窘境。他的实践及成果证明了课题研究不是装点门面，而是解决问题，进而总结经验。

刘祥老师的成长不是一蹴而就的，也不是一帆风顺的，无论是面临顺境、逆境还是俗境，他都保持成长的姿态。当青年教师抱怨现实环境不如人愿的时候，刘祥老师就用勤奋和坚持提供了最好的选择。

想要真正读懂刘祥，理解刘祥对教育做出的努力，不如品读刘祥老师的这部著作，虽曰技，实近乎道矣！

张春华

无锡市教育科学研究院副院长，特级教师，正高级教师

自　序

从浪漫走向理想

大约是5年前的某个日子，一位同事问了我一个有趣的问题：你能各用一句话解释什么是浪漫、现实和理想吗？我思考了一两分钟后，给了她这样的答案：浪漫是一种存在于幻想之境却无法在生活中实现的虚拟画卷，现实是一种不尽如人意却又不得不接纳的生活状态，理想则是一种应该如此且通过努力能够如此的生命图景。

我这样说，当然不是要给这三个名词进行科学定义，而是基于我自身的真实成长体验有感而发。我以为，世间一切高尚灵魂的成长与自我完善，都必然经历"浪漫、现实、理想"的三级平台。置身于不同的平台，见到的风景、经历的故事、感知的人生，以及收获的"庄稼"均存在一定程度的差异。

一、我的"浪漫"与肤浅

如我一般出生于20世纪60年代的人，普遍拥有"志大"的共性时代特征。至于是否"才疏"则是因时而异、因人而异。

我属于既无"大志"又无"雄才"的乡野顽童。我的童年除了贫困的记忆，其余便是一张白纸。在应该开始生涯规划的青春初期，我除了疯玩，别的什么也不懂，无数的美好时光均浪费在嬉闹与冥思之中。唯一值得庆幸的是，我爱上了阅读。从小学三年级开始读《水浒传》，至师专毕业，我读过的长篇巨著不少于5000部。有很长一段时间，我对一切的文字均持有浓厚的兴趣，以至于只要是印刷品就都能够拿过来浏览。

此种无选择的阅读，于当时而言，不过是消弭无聊的一种手段，难以料想会成为今天舞文弄墨的童子功。阅读给了我一种独特的文字感触，让我始终怀揣一份敬畏对待一切可以称为学问的东西。

我在阅读之余，也会兴之所至，写一些极端幼稚的文字。依稀记得我在初中时爱上了古典诗歌，便不知天高地厚地"创作"了很多首自我感觉良好的顺口溜。高中时，同宿舍的人给我封了个"秀才"的绰号，而且我还负责帮一位不愿意写作文的同学完成每一次作文，乐此不疲。读师专时，我参加了文学社，又爱上了新诗和散文，终日沉浸在朦胧诗的复杂意象之中，折腾得差点儿忘记了正常的言语逻辑。参加工作以后，我还热衷于用诗歌点评学生的作文，给学生写操行评语。此种癖好延及当下，依旧体现为我喜欢写"下水作文"，喜欢对学生的作文进行修改。

　　这样的阅读与写作，给我带来了什么呢？我认为最重要的一点，就是浪漫。我所喜欢的那些文字，大多被人为剥离了浓郁的人间烟火气息，过分渲染着尘俗世界无法企及的纯粹与美妙，在一定程度上影响了我对客观生活的认知。我在很长一段时间里就是依托着这样的浪漫待人接物、感知生活、应对工作。近些年我在全国各地讲学时，常说我教育生涯的前半生不是教语文而是教文学，我也不过是由一位文学青年自然而然地长成一位"文学中年""文学老年"。在我的潜认知中，文学注定浪漫，浪漫也注定不合时宜。

　　浪漫体现到日常生活中，往往表现为对人情世故的不通透。但浪漫也有好处，那就是无知者无畏，既然不通透，也就不必在意。你走你的阳关道，我过我的独木桥。只要这桥上有风景，桥的那边也有风景，便心满意足。

　　浪漫体现到教育教学中，却容易出现问题。最严重的问题，是将语文混同于文学，将语文课混同于文学鉴赏课。2008年之前，我一直满足于教出语文课的诗情画意，沉醉于挖掘语文课文的思想深度，全然无视了语文作为一门独立课程的应有课程价值。我的这种错误，便是浪漫惹的祸。

二、我的"现实"与抗争

　　我所经历的最美好的教育工作时光，是刚参加工作的前两年。20世纪80年代中期的中国，经济刚开始腾飞，那时，学校没有升学压力，也没有各种形式的检查评比。教师也没有职称评审或者骨干评选。教育与教学一如山野中自由生长的野花、野树或野草，该生时生，该长时长。

后来，我换到了一所乡村初中，开始有了升学压力，开始比拼升入中专学校的人数，外部的教育大环境开始严峻起来。再往后，我选调进入县中，跳槽到了江苏，教育教学的硬件条件越来越好，见的世面也越来越大，教育大环境却越来越复杂。学生在校时间越来越长，休息日越来越少，考试次数越来越多，整个社会陷入群体性升学焦躁之中。

在这样的大环境下，一切浪漫均丧失了立身的土壤。但我依旧坚持着做一些他人认为毫无意义、自己却认为很有价值的事，比如组织学生编制班级小报，要求学生每周写一两篇随笔，有意识地在日常教学中探索一些新的教学技法……当应试教育的尘土逐渐将我掩埋时，我依旧幻想着用个体的微薄之力在这尘土之上捣出几个窟窿，聊以呼吸几口并非清新的空气，维系职业生命中的那份单纯。

万幸的是，这个时代拥有着一个日趋强大的互联网。借助于万物互联，我接触到了一个了不起的团队，接触到了一群了不起的人。在这群人身上，我开始知晓还有一种迥异的教育美景存在于当下的大地之上。在这个团队中，人们倡导"过一种幸福而完整的教育生活"，倡导始终高扬教育中"人"的旗帜，倡导教师"不跪着教书"。为了达成这样的目标，他们在教学中践行"晨诵、午读和暮省"，致力于打造"书香校园""数码社区"，开展师生共写、亲子共读活动，关注卓越口才与人际交往能力的培养……

于是,我的教育生活便又有了另一种"现实"。这是浓缩并提炼之后的"现实",是超越时空制约的"现实"。这样的"现实"激活了我灵魂深处的浪漫,并为之附加了新的释义。也是从那时起,我开始了我的专业阅读、专业写作和专业性课题研究。

三、我的"理想"与行动

2004年之前,我写过几篇教学研究的文章,均只发表在县教研室主办的《来安教研》。我也以核心成员的身份参加过一项省级课题的研究,并最终负责撰写结题报告,但那个课题追求的教学模式非我所愿,之所以邀请我参加,只为了让我完成相应的文字材料。我也凭借不错的文学功底在市、县两级的优质课竞赛中取得佳绩,赢得了一定的掌声。但这一切都是感性化的、碎片化的,既没有必要的理论根基,又没有足够的情怀支撑。

2004年,我开始极其主动地端坐在电脑前,用文字记录我对教育教学的各种思考与实践。我参与有关教育教学问题的一切论战,半年时间便发表了30余篇短评类文章。我还开始探索语文学科教学中的"主体实践性阅读"理论与技法,第一次将学术论文发表到正规期刊之上,并迅速被中国人民大学复印报刊资料全文转载。就是从那时起,我坚持将专业写作、课题研究和专业阅读结合起来,以阅读拓展视野,以写作提炼思想,以实践丰富技能。

我始终承认人与人之间存在着各种各样的差异,却并不认为别人能做到的事我却无法做到。这份近乎癫狂的自信让我在教育教学的研究过程中始终乐于为自己寻找一个可以达成的目标,然后想方设法接近它,超越它。比如,读到了《人民教育》上刊载的几个课堂实录,我便觉得我也可以上出这样的课,依照自己的构想去完成课案的设计与教学,最终果真将课堂实录发表到了《人民教育》上。再如,读到了教育科学出版社出版的《新教师成长日记》,我又觉得我完全有能力做好这样的事,便每天坚持写出不少于 1000 字的教育日记。坚持了一年,我就写出了累计 56 万字的《走过高三》并顺利出版。

我认为,任何一位胸怀教育理想的人都应该行动起来,从改变自己的认知做起,从改变自己的课堂做起,从读一本有价值的书、写一篇有价值的文章、做一个有价值的教研课题做起。唯有行动起来,坚持下去,才能突破困境,取得成功。

是的,我一直在追寻内心深处认同的那份"应该如此"的教育美景。教育的"应该如此"并非只体现为学生生命的自在绽放,更应该体现为教师生命的缤纷摇曳。没有教师的丰盈与润泽,哪会有学生的丰富与灵动?

正是基于这样的认知,我开始走上了教育科研之路。一方面,我自主确立教育科研课题,以自身的教学实践为参照,一步步深入探究科研。另一方面,我又用这样的研究带动专业阅读、专业写作与专业成长共同体。我希望能够有更多的教师走上教育科研之路,实现自我成长。

我自 2004 年开始做高中语文"主体实践性阅读"的课题研

究，历时20年，逐步完善其内在学理与相应程序，最终形成了"丈量文本宽度，营造课堂温度，拓展思维深度"的教学主张。我将"知识在场，技能在场，生命在场"视作学习与工作的基本路径，努力打造"走进文本，走进作者，走进生活，走进文化，走进心灵"的思维认知通道。在20年的研究中，我经历了两次课程改革，也曾陷入过迷茫，好在我敢于清零重建，最终也就顺利渡过难关，没有让我的研究半途而废。

在探究语文学科教学的各种奥秘之外，我还对教师的专业成长研究产生了浓厚的兴趣。我想弄清楚为什么很多有灵性的年轻人，做教师的时间越长，课反而教得越差。我想弄清楚大量的教师为什么不愿意阅读专业理论书籍。为了解答脑海中的这些困惑，我一边观察，一边阅读相关书籍，一边撰写相关的文章。后来，我不但将这个研究项目申报为市级研究课题，而且将研究成果转换为两部专著。

四、我的"身份定位"与愿景

在"教师"这个职业身份之外，我想我应该还有另一种身份：教育写作者。前一个身份决定着我的一切研究都必须围绕学科教学展开，必须以学生的成长进步为根本；后一个身份决定着我必须跳出特定的、共性化的教育语境，从未来社会真正需要的视角审视教育教学中的各类问题。或许正是这两种身份的错杂，我才得以既可随时随地潜入教育教学的湖泊或者小沟渠中，或见识大风大浪，或体验污泥浊水，又可置身各类教育迷局之外，变换视角观察教育、感悟教育。正因为如此，我才会武断地认定这世间的一切行为均可与教育建立关联，才会认为天下万物无不可以成为教育写作和教育科研的触发点。我们的世界由过去、现在和未来三个部分构成，也就注定需要不断修正、不断建构、不断丰盈，而这过程中又无可避免地会出现各种反复。这样的跌宕起伏，哪一个环节能缺失了教育的身影呢？

我自2012年开始组建我的教育科研团队，希望以我的绵薄之力帮助一部分教师获得更好的发展。10余年间，团队时大时小，人员时聚时散。影响专业成长共同体的因素有很多，最重要的一点，还是在于现在的青年教师大多缺失了最初的"浪漫"。但我相信，终究会有一些英才脱颖而出。被我视作英才的这些年轻教师，不但教育教学业务能力过硬，而且兴趣广泛，综合素养全面。更重要的是，他们热爱阅读和思考，愿意长期坚持教育写作和课题研究。从这些青年才俊的身上，我也受到了许多鼓舞。

现在，一些省市的教育主管部门或教师培训机构邀请我为他们的骨干教师开设专题讲座，指定的主题往往是学科教学、专业写作或者课题研究。这样的选题，意味着这些省市的教育机构充分认识到了教师专业成长的重要价值，开始搭建平台助推教师朝向自我完善的成长路径上奋力前行。面对这样的邀请，我当然全力以赴。既然我的专业成长之路就是建立在这不停歇的专业研究、专业阅读、专业写作和专业发展共同体上，那我又有什么理由不将这样的经验与感悟传递给同样渴望成长的青年教师呢？

今年年末正式退休。我以为我未来的人生，尚应有30年的时光可以继续钻研我的教育教学课题。教育科研实在是一件充满了趣味和挑战的事儿，以这样的趣事颐养天年，岂不是一件至美之举。

愿你我依旧可以长久行走于教育之路，愿我的些微经验能转化为你不竭的成长动力。

谨以此文作为本书的序言。

刘祥

2024年新春写于古镇真州

第一辑 教育写作的秘密

第1讲

教育写作的"三重密码"

　　人类对万物的认知，多以好奇心为起点，先是想要了解所见之物"是什么"，随后想要知晓它"为什么这样"，最后还要知晓"怎么样运用"。"是什么"看似只关注表象，只形成浅层次的认知思维，却已不是人人可见与可知。日常生活中，无数的物、无数的事静候在那儿，能在它们面前停下脚步，静静观察并思考其"是什么"的人绝非"所在皆是也"。为数众多的人只是与之擦肩而过，心中不曾荡漾起一丁点儿涟漪。至于"为什么这样"和"怎么样运用"，则属于学理层面的思维与行动，唯有乐于思考的人，才能透过纷繁的表象，深入到事物的内在，探究其前因后果。

　　教育写作亦是如此。缺乏好奇心的教师，往往对工作中的所见熟视无睹，无法静下心来想一想它"是什么""为什么这样"和"怎么样运用"，因而也就难以拿起笔或打开电脑记录自己的思考和发现。当其迫于职称评定等现实需要而不得不进行教育写作时，便觉得大脑中空空荡荡，写不出能够正式发表的作品。至于日常教育教学中的非功利性的自由写作，更是以"不知道写什么"或者"日常生活中没有值得一写的内容"为理由，自我设置一堵墙，隔断通往教育写作之境的道路。另有众多的一线教育工作者，虽也偶然会生成强烈的写作冲动，却又往往只立足于自身的有限经验，缺乏多视角观察分析的能力，写出来的文字连自己都不满意，最终也就不了了之。此两类"不作为"，均属于未能正确理解教育写作中的"写什么""为什么写"和"怎么样写"，未能熟练运用教育写作的"三重密码"。

第一重密码：世间万事，皆与"写什么"相关

缺乏教育写作经验的人，常常误以为教育写作就是写论文，需要旁征博引，占有大量的深奥理论。此种错误认知，吓倒了很多教师，令其"知难而退"。其实，写论文固然是教育写作的一种类型，而且是很重要的一种类型，但不是教育写作的全部。在论文之外，教育写作至少还包括教育叙事、教学叙事、案例分析、教学反思、文本解读、创意设计、教法探究、读后感、书评、教育随笔等。写作形式不同，对应的写作技法便不同，对作者的学养要求也不同。即使是写严谨的学术论文，也应该是作者先想明白了某种学理，然后用符合逻辑的分析论证阐释此种学理。至于引用一些理论或名家论断，不过是为了以公认的理论替代自身的举例分析，起到言简意赅的作用。就像几何证明题中引用的定理和公理，绝不是为了用晦涩难懂的概念和

佶屈聱牙的词句装饰门面，吓唬他人。

梳理出教育写作的多种写作形式之后，"写什么"的问题便不难回答。"教育叙事"当然是用讲故事的方式叙述教育与管理中的一件事或几件事；"教学叙事"自然是用记叙文的章法记述课堂教学中的一件事或几件事；"案例分析"必然是先呈现一个典型案例，然后运用相关学理逐层深入地解析这个案例，探究出该案例中值得学习借鉴的内容，发现其中需要注意的相关问题；"教育随笔"顾名思义，一定带有随感的特征，侧重于展示对教育教学中相关问题的个性化感悟或评价……这些写作形式所需的写作素材，都只能来自日常的教育教学，甚至来自日常生活。

我曾经应一些报刊之邀，写过数十篇教育随笔，内容涉及我所接触到的生活的方方面面。比如：因为教室中的一只甲壳虫的死亡而撰写出《盲目顽强的代价》，发表在《班主任》杂志；因为教室窗台上冰激凌盒中绽放的羸弱的花而创作出《每一朵花，都有绽放的理由》，发表在《班主任之友》杂志；因为一名迟到的学生而催生出《距离教育的本真，我们还有多远》，发表在《班主任之友》；因为外甥女的宠物兔而衍生出《吃肉的兔子》，发表在《教育时报》……我始终认为，天生万物，都离不开成长。既然需要成长，就必然存在规律，也必然关乎教育，必然可以成为教育写作的素材。

我还发表过百余篇教学叙事和案例分析。比如，在教《阿Q正传》时，一个学生突然发问：阿Q为什么第一个想杀小D？我抓住这个临时生成的问题，组织教学预设之外的深度探究，下课后便写出了《小D为何第一该杀》，发表在《中国教师报》；教《齐桓晋文之事》时，我对课文注释产生了疑问，便写出了《〈齐桓晋文之事〉注释质疑》，发表在《语文学习报》；当我阅读到《语文建设》上的三则"同课异构"的课案时，对"同课异构"产生了兴趣，便写出了《"同课异构"还是"同文异构"？》，发表在《语文建设》；随后又写出《同课异构中的"三定"原则》，发表在《中学语文教学参考》……这些叙事或分析，都未曾引用高深的教学理论，只是立足于日常教学中的实践或阅读，依托常识和基础性学理进行阐释。

我也发表过百余篇教学论文。我第一篇正规发表的论文，题为《主体实践性阅读条件下文本资源的开发》，刊于《中学语文》（2004年第11期），后被《中学语文教与学》（2005年第4期）全文转载，该文来自我的课题研究和课堂实践；我第二篇正规发表的论文，题为《语文课改中民族精神的张扬与颠覆》，刊于《中学语文》（2005年第6期），后被《中学语文教与学》（2005年第9期）全文转载，该文源自我对网络上一个课堂实录的感想……我写教学论文，始终以自身的思考、实践为依托，极少引用他人的言论。我觉得，能够用自己的话语准确表达出自己的想法，为什么非要借别人的话语来包装点缀呢？

列举上面三类信息，目的在于告知读者朋友：教育写作并不神秘，只要扎根我们的教学实践，激活我们的好奇心和探究欲，便能够在工作和生活中发现无尽的写作素材。有了如此丰富的素材，还愁没有内容可以写吗？剩下的，便只是如何将其转换为"血肉丰满"的文章。

第二重密码：专业写作，夯实成长的每一级台阶

在将素材转换为文章之前，还存在着一个相对主观的"为什么写"的问题。这个问题不解决，那么无论多么精美的素材也无法变身为具体的文章。

当今社会的中小学教师，没有"发表"过"论文"的人少之又少，但半数以上的人都不属于自觉的教育写作者。我之所以要在"发表"和"论文"二词上添加引号，是因为某些心照不宣的私密。为数众多的人仅仅是迫于职称压力而不得不"发表""论文"，其中极少数人"发表"的"论文"，只有姓名和单位属于自身，其余文字均来自他人。

倘若据此便推定这些斥资买文的人不学无术，便属于典型的"冤假错案"。事实上，在有此种行为的教师群体中，一大半人拥有极强的工作责任心，也拥有较强的教学能力，甚至拥有较强的写作能力。他们的病症，只在于缺乏对"为什么写"的理性认知。缺乏专业写作意识的教师，因为未能深入理解教育写作对专业发展的巨大推动价值，在主观情感上主动疏远了教育写作，等到职称评审需要论文时，再手忙脚乱地仓促上阵，失败便在所难免。迫不得已，只有借助他人之力。

我曾经从"记录思想""反思行为""提升能力""提炼精神"等四个方面对专业写作的意义进行了阐释。我始终认为，教育写作的价值，在于跳出既往经验的束缚，站在更高的认知层面

上审视自己的思想、情感和智慧。一个人的教育理性，40%来自专业阅读、专业实践和专业思考，60%来自专业写作。只有动手写时，才会发现思维力的欠缺，才会更好地阅读、思考和实践。唯有持之以恒的专业写作，才能带动起持之以恒的专业实践、专业阅读和专业思考。

2017年，《普通高中课程方案》和各学科课程标准正式发布。缺乏教育写作意识的教师或许并未感受到其中的颠覆性变革，依旧沿用既往的教学技法"轻车熟路"地"运作"自己的课堂。自觉的教育写作者则感受到前所未有的压力：一方面是学科大概念、大单元教学、任务群、真实情境、跨学科学习等新理论、新要求、新教法无情地"清空"着大脑中曾经引以为傲的旧经验、旧主张、旧方法，另一方面是与新课改精神相适应的新经验、新模式、新评价体系暂未建立。只是，自觉的教育写作者绝不会被这份压力吓倒，而是会将所有的困惑或烦恼转化为难得的教育科研素材，既借助专业阅读认真探究每一个新概念、每一种新主张背后隐藏的特有学理，又将阅读中收获的思考应用于具体的教学活动，逐步探索学科教学的新样式，还将来自专业阅读、专业实践和专业反思的内容凝练成相关文章，供同行阅读品鉴。正是借助于这样的研究，自觉的教育写作者往往很快成为所在地区课程改革的领军型教师。

由这个例子可知，专业写作的价值无非是探究未知、提炼已知、推动专业阅读、专业反思和专业实践。将此种认知作为"为什么写"的最佳答案，有利于确立"用专业写作夯实专业成长的台阶"这一成长理念。

教育写作中的"为什么"具有对象明确、目标具体、内容模糊三个方面的特征。

"对象明确"是说需要用文字进行描述或分析的主体不存在非确定性，作者在写作之初便对其有精准认知。"目标具体"是说针对该明确的写作对象进行何种形式的表达、想要达成什么样的写作目的，作者心中有相对完整的预设。"内容模糊"是说隐藏在对象和目标后的学理具有隐蔽性，不同的学力、不同的认知角度、不同的探究层面，会形成不同的价值判断。

比如关于案例分析的写作，面对一则教学案例时，写作对象（案例）是明确的，写作目标（分析案例中蕴含的学理）也是具体的，但不同的作者对该案例的关注点，以及由该案例中获取的经验也大不相同。能够得到认可的案例分析，一定是抓住了该案例中的那些相对重要的信息，依照一定的逻辑顺序渐次展现出作者的富有见识的思考。不被认可的案例分析，往往只关注到浅层次的价值呈现，未能深入到更深的学理层面；或虽展示出多个层次的思考，但缺乏必要的学理支撑，难以服众；或是各层次间的分析缺乏必要的逻辑关联，思维碎片化，表达也碎片化。

其他形式的教育写作也是如此。要想写出一篇认知正确、逻辑清晰、内容富有启发性的文章，就必须在"为什么"上多做探究，努力发现现象背后隐藏的多层价值。

现在，我们以《曹刿论战》为例，看一看如何利用"为什么"构建该文本的多元解读：

1.为什么"曹刿请见"便能够"入见"？在"齐师伐我"

这一事关国家存亡的危急时刻，鲁庄公哪来的时间和心情，接见一个从未接触过的平民？这符合情理吗？

2. 曹刿见到鲁庄公后，真的只问这三个问题吗？如果只凭借这样的三个问题，鲁庄公会放心地把决定国家命运的事托付给曹刿吗？这符合常识吗？

3. 曹刿所问的三个问题，真的是决定这场武装对决胜败的直接因素吗？

4. 明显有违常识的历史故事，为什么能够流传千古？背后隐藏了什么样的神秘力量？

5. 作为读者的我们，阅读该作品时，除了感受到民心的重要价值，还想到了哪些？

…………

借助于这些"为什么"，身为读者的我们便拿到了一张通往《曹刿论战》内核意义的门票。这时我们才会发现，左丘明显然故意省略了大量的信息，刻意虚拟出先秦时代并非客观存在的美好君民关系。这样的君民关系，往大处看有利于国家安全，从小处看有利于平民阶层向上攀爬。有了这样的认知，《曹刿论战》便超越了单一层面的"取信于民"的价值意义，走向了主题感知的丰富与深刻。

无论何种形式的教育文章，都离不开诸多"为什么"的支撑。"为什么"构成教育写作的"复杂根系"，从写作对象的特定土壤中大面积、多层次地吸收思维养分。面对相同的写作对象，大脑中出现的"为什么"数量越多，层次越丰富，对相关学理的探究便越充分，据此而创作的文章也就越有宽度和深度，能够"见人之所未见，思人之所未思，言人之所未言"。

需要注意的是，出现于脑海中的"为什么"时常是碎片化的、无序的。只有将这些杂乱的"为什么"引入特定的思维框架中，各占其位，各司其职，才能形成富有逻辑的表达。通常情况下，可依照由浅入深、由表象到本质的顺序对其进行加工整理，先探究最直观的因素，再将个别纳入整体之中进行分析，接着依托相关文化背景展开学理探究，然后从未来需要的视角纵深展望……

第三重密码：文无定式，重在"真实"与"合理"

借助前面的两重密码，可以大致了解教育写作的"素材库"和"行动源"，剩下的第三重密码，打开的便是"怎样写"的技法之门。教育写作的最重要技法，或许恰恰表现为"文无定式"。几乎所有的教育写作，都侧重于对写作对象的深度探究，较少关注具体的写作技巧。毕竟，只有形成丰富的认知、深刻的思考、详尽的探究，写出来的文章才有价值。

当然，教育写作也并非完全没有章法和技巧。基本的篇章结构是引导思维朝向广度和深度发展的必然路径，比如"引、议、联、结"，"叙、析、评"或者"引论、本论、结论"。此类文章写法，每一位教师在中学阶段学写议论文时便已习得，大学毕业时撰写毕业论文又进行了强化训练，将其应用于日常的教育写作，不会构成认知盲区和行为障碍。

真正影响文章成败的写作元素，是是否"真实"与"合理"。

"真实"包含从真实的教育生活中发现写作素材、用真实的资料传递真实的思考、用真实的语言表达真实的价值诉求等内容；"合理"包含持有的观点符合学理、论证的过程符合事理、表达的思想符合情理、呈现的语言符合认知规律等内容。也就是说，教育写作的至高技法，不过是从真实的教育教学生活中发现问题、研究问题、解决问题，再用符合读者认知规律的言说方式将其有条理地表达出来。

现实的教育生活中，能够依照该技法写教育文章的教师大多属于自觉的教育写作者。被职评等外力"逼迫"着偶尔写点教育文字的教师，时常会背离"真实"与"合理"，只依照某个偶见的理论、某个虚构的案例、某种未被验证的行为，便试图提炼出足以破解若干重大教育难题的"教育神力"。比如：有些教育叙事无限放大自身的教育能力，虚构出经过一次谈心便彻底改变了某一问题学生的教育业绩；有些"教学论文"脱离现实教学中的各种微观问题，一味堆砌各种名词概念，在云山雾罩中表达出一些似是而非的主张；更有甚者，还为了写作需要而编造问卷调查的相关数据，为了所谓的理论高度而编造名家言论。凡此种种，皆可归结为写作不得法，某些行为还涉及学术不端。

有价值的教育写作无须"编故事"，亦无须"拉大旗，作虎皮"，而是扎根教育教学实际，从日常工作中发现教育科研素材，认真探寻其中隐藏的教育教学的应有规律。教育写作中的"真实"，研究的是真问题，表达的是真思考、真探究、真成果。教育写作中的"合理"，不但要想得合理、论得合理、表达得合理，而且要深度推敲所"合"之"理"的丰富内涵，要让所思所想符合认知之理、常识之理、课程之理、学习之理、成长之理。

2017年的某日，我受邀担任骨干教师评审的评委。六位授课教师，均执教七年级课文《春》。我发现，六位教师组织的课堂活动，与我1985年实习时设计的教学活动并无太大差异，当晚我便写了一篇随感，题目是《三十年不变的语文课，你还爱她吗》。结果有多个语文同行给我留言，对我提出反批评。他们认为《春》就是由春草图、春花图等五幅画面组合而成，赏析这篇课文，不教这些还能教什么？

六位教师的教学设计、我的感触、其他同行的反批评，构成了当下语文教学中的"真实情境"，此种"真实"既体现了不同教师对学科教学应有技法的不同理解，又间接呈现了当下语文教学中的某些共性化认知，因而也就有了更深层探究的学理价值。基于此种"真实"，我又撰写了题为《追寻适应时代的语文课堂》的教学论文，从"强化课程意识，以能力养成为教学着力点""活用资源信息，以自主发现为教学突破口""重构教学理念，以成长需要为教学总目标"三个视角对语文教学的目标、任务和方法进行学理阐释。我认为，六位教师所教的、相关同行认为必须教的那些知识，在学习资源近乎无限丰富的当下，任何一名学生只要花费一点儿时间便能够从网络上或者教辅资料上检索出来。真正的语文教学，应该引导学生探究隐藏在显性信息之外的"陌生化"知识，着力培养学生的自主学习能力、多元分析能力和综合应用能力，而不是引导学生知晓课文写了什么。这篇文章后来发表于《中学语文》（2018年第

1期)。

  由此例可知,《追寻适应时代的语文课堂》这篇教学论文,其问题的形成、获得、表达均来自真实的教学行为,其探究的教学技法和教学理念也跳出了感性认知的窠臼,走进了基于课程、基于成长需要、基于社会发展的理性思考层面。这样的文章,我认为具有一定的教科研价值,至少可以警醒语文同行关注时代,关注课程,关注未来。

第 2 讲

教育写作的"四大视角"

世人常以"仁者见仁,智者见智"阐释某些认知差异的成因。如果将这句话无限拓展开,还可以形成"贤者见贤,愚者见愚""善者见善,恶者见恶""忠者见忠,奸者见奸"等诸多论断。倘若需要对这些论断进行学理上的归纳提炼,将其上升至评价标准的层面进行剖析,不难发现其立论之根无非"视角"二字。从"仁"的视角探究,所见便是"仁";从"智"的视角观察,所见便是"智"。

在影响教育写作的诸多因素中,"视角"同样可以称为"立论之根"。面对相同的写作素材,不同的作者从不同的视角观察,必然会形成不同的结论。即使是同一位作者,当其从不同的视角观察时,也往往会获取不同的认知和不同的感悟。只是,教育写作中的视角大多体现在教师、学生、课程等具体的学习要素之上,较少作用于相对抽象的道德品质或思想情怀。一般而言,教师专业发展研究一类的文章应以教育目标、师德建设、教育情怀为写作视角，教学叙事、教学案例分析、教学法探究等文章则应以教师、学生、课程、未来为四大写作视角。其中，后一种类型的文章，占据教育写作的绝大多数。

一、教师视角：以教育规律为依托

本文所阐释的"教师视角"，特指根植于特定的教育思想、教育理论、教育情怀和教育实践的土壤而形成的理性化教育视角，而非拥有教师资格的自然人依凭其个性化、感性的经验而形成的情绪化认知视角。教师视角之"睛"是教育规律，而非教师个体的个性化认知与理解。两者的差异，在于前者客观存在于教师个体的认知视角之外，具有学理层面的"应然性"特征。后者则受制于教师个体的学识、修养和职业素养，具有较强的主观随意性。

以此两种视角观察任意一种教育现象时，形成的结论往往大相径庭。前者注重探究教育现象中隐藏着的普遍规律，后者注重宣扬自身的情感态度，且此种情感态度很多时候并未建立在教育理性的基础之上。以此两种视角写各类教育文章时，前者善于将自身情感藏匿起来，只依照客观事理进行多层级的分析阐释，后者善于用主观抒情替代客观分析，习惯于用"我认为""我觉得"充当终极裁判。

厘清了"教师视角"的内容与特征之后，再看教育写作中的教师视角，便要求作者在试图解析任意一种教育教学行为时，必须以教育学、心理学等专业化理论为认知基础，以国家未来建设需要和学生未来生活需要为立论原则，剥离个体的私利与虚妄，高扬"人"的旗帜，全方位寻找教育教学"应该有的样子"。

现实的教育情境中，绝非所有的教师都能够始终运用"教师视角"发现并思考各类教育教学问题。比如，总有一些教师"苦口婆心"地"教育"学生，说高中三年要摒弃一切爱好，集中全部精力"刷题"。为了给被"教育"的学生以心灵安慰，这些教师又会告诉学生，说你进入大学之后有的是空闲时间去玩。这类教师对高中学习的认知、对大学学习的定位，与从未接受过教育理论的人并无差别。其言说视角只属于自然人的感性视角。以这样的视角写任意主题的教育教学文章，其形成的观点、选用的论据、展开的论证分析，均不会触及真正的教育。

运用真正的教师视角观察教育教学行为时，思维的着力点是教育规律。绝大多数的教育规律，建立在常识与人情人性的基础之上。唯有不违常识、不违人情人性，才能形成合理的认知与分析。以对待课外阅读的态度为例，教师视角下的课外阅读，是课内学习的必要补充，是拓宽视野、拓展认知领域、传承与发展传统文化的必要载体，只要引导得当、方式适宜，便应该大力倡导。自然人感性视角下的课外阅读，教师视之为洪水猛兽，用高压手段强行禁止；或是完全放任自流，以"开卷有益"的虚妄遮蔽了"选择性阅读"的理性；或是过分功利，将与考试有关的书籍"加工"成各种题目，却不允许学生认真通读原著。此三种认知或行为，均缺乏必要的学理支撑，违背了常识，违背了借助优秀课外读物给予成长中的生命以充足养分的人情人性。

以教师视角审视或思考各类教育问题时，未必能够洞悉真相，但至少不会完全无视教育规则和成长规则。本质上而言，教师视角属于变量。教师拥有的理论与认知越丰富越全面，其教师视角便越开阔越透彻。唯有以教师视角审视，所见到的才是真正的教育教学。

二、学生视角：以成长需要为关键词

本文所探究的"学生视角"，准确而言，应表述为"以学生的健康成长需要为出发点的教师视角"。之所以将其简化为"学生视角"，是因为其精髓在于"以学生的健康成长需要"为评判一切教育教学行为的终极标准，而非以教师的各种利益需要为出发点。日常教育教学中，基于"学生视角"而获取的认知与感触，同基于教师自身利益而形成的观点与主张很少吻合。

以校园中最常见的迟到现象为例。从管理视角看，一切迟到皆为违纪，皆应接受相应的惩罚。从教师自身利益角度看，学生迟到便要扣除班级量化管理分数，而分数对应的就是班主任的奖金，只有杜绝迟到，才能减少奖金亏损。从学生的健康成长需要来看，迟到必然需要先分析原因，再针对不同原因选择不同的教育方式。只有对极少数因行为散漫而故意迟到的学生，才适宜用校纪班规来惩戒，帮助其养成敬畏规则、严于律己的好习惯。以这三种视角下形成的认知与结论来写教育文章时，文章的立意、论点、论据以及论证过程，均不会相同。前两种视角下形成的文字也缺乏应有的教育研究价值。

2005年,我在网络论坛上读到这样一则教育叙事:

班级组建初期,为了解决垃圾存放问题,更为了培养学生热爱、关心班级的良好品质,我号召全班学生找个器具存放班级的垃圾,可是过去好几天了,还没有人拿。

星期六的下午,我把临时的卫生委员叫到办公室,请她星期一拿一个化肥袋子,用来放班里的垃圾。我嘱咐她:"不要对别的同学说是我让你拿的,放化肥袋子时要故意让其他同学看见。"

星期一,我早早进到教室,看着袋子故作不解地问:"这袋子是干什么的?"

"卫生委员拿的,用来放垃圾的。"同学们齐声说。

我竖起大拇指,表扬了卫生委员急同学所急,想班级所想的良好品质,并号召全体同学要学习卫生委员关心、热爱班级的精神。班里热爱班级的良好氛围越来越浓。

此文的写作视角既不属于学生视角,也不属于教师视角。倘若需要硬性归类,或许可称为管理视角。作者显然是将其视作一种管理智慧记录下来并上传到网络论坛。只是,管理视角下被作为管理智慧的行为,放在学生视角下解析,不但不能称其为教育智慧,而且应将其定性为"伪教育"行为。

在题为《"谋略"背后的阴影》的案例分析文章中,我对该叙事做了下述分析。

这个故事中,班主任为了实现教育目标,可以说是煞费苦心。

先是事先安排，后是明知故问，再是以假当真，煞有介事地表扬。且不论这个"谋略"的最终结果是否真的是"班里热爱班级的良好氛围越来越浓"，单是这一系列计谋的背后，就隐含着几处教育失误。

首先，在班主任的号召中，班主任将自身放置到了班集体建设之外。存放垃圾的器具，按理说，在开学前就应该准备好。即使当时因为忙碌而忘却了，也应该在开学后发现问题时，及时进行补救。如果是城市学校，到总务处领取垃圾篓就可以解决。若是农村学校，能存放垃圾的化肥袋应该很容易找到，为什么班主任不做这些事情，而把应该班主任解决的问题推给学生完成呢？如果说找个垃圾袋就能"培养学生热爱、关心班级"，那么，班主任的以身作则，不是更能启发和教育学生吗？因此，班主任的这个"号召"，实际上体现出的是班主任过于强烈的"管理"意识，而不是"参与"意识。班主任把自己放到了凌驾于学生之上的管理者层面上，才可能把本该自己完成的任务摊派到学生头上，还要借口是培养学生的能力与意识。

其次，班主任在将热爱集体的理念灌输到班级其他同学心中时，显然忽略了这位卫生委员的心理感受。如果说面对老师的这份表扬，卫生委员还能以继续演戏的心态坦然接受的话，那么，当课后面对同学的赞扬或者嘲讽（这种情况不可避免）时，她该用什么样的心态应对呢？面对真诚的赞美，她不能公布真相，只能尴尬接受；面对不理解的嘲讽，她同样无法解释，只能承担攻击与讥讽。而这一切，原本都不该由她来承担。

其三，这位卫生委员本不该获得如此表扬，却因为配合了班主任的"谋略",充当了一次"谋略道具",就获得了新班级内的第一次表扬。这有可能使该同学产生一种误解:做事情就要迎合老师的需要,能够投老师所好做事,就可以获得荣誉。如此,在其他同学获得正面教育的同时,这位配合老师开展工作的学生,却获得了"弄虚作假"的"谋略"教育,这岂能是班级教育的目的所在?

我所阐释的其二和其三两段,立论根基就是学生视角。

在当下,以学生视角观察各类教育问题时,会发现很多偏差。比如零抬头率、张榜公布考试排名情况、以安全为由不组织任何形式的校外活动等。这些偏差的病根,在于无视学生的健康成长需要,或是强力扼杀了好奇心,或是助推了错误的成才观,或是剥夺了亲近自然、走进社会的机会与权利。

三、课程视角:以课程标准为着力点

课程视角是影响教学研究类文章的最重要的视角。写教学文章时,如果无视课程的内在知识体系和能力培养层级而探讨教学技法,便类似于以自由搏击的方式参加拳击比赛,看似招式繁多、功力深厚,实则很难赢得胜利。毕竟,学科教学拥有自身独特的体系化知识结构,研究学科教学的文章也应该依照该体系的相应标准而评判成败得失,探究内在规律。

我曾经在某核心期刊上读到一组"同课异构"的课堂实录,共三篇。我发现,三位老师虽然执教的是同一版本的同一篇课文,但三则课堂实录中呈现出的教学目标、教学重难点，以及教学过程中开展的各类探究活动均不相同。这样的同课异构，显然过分放大了教学中的"异构"，忘却了"同课"这一概念中隐藏着的课程目标和特定的学习任务。因为，从课程视角看待任意一篇课文时，该课文都被教材编写者附着了独特的学习任务，且该任务必然受制于单元学习任务。倘若不顾及课文的课程属性，只将其视作超越于单元和教材之外的独立存在，则"教什么"便成了教师可以随意操控的事。

基于此种思考，我先后撰写了《"同课异构"还是"同文异构"？》《同课异构中的"三定"原则》两篇论文，强调立足文本的课程价值而开展教学研讨活动。我从课程视角出发，倡导在相对统一的课程目标、相对统一的教学课型、相对统一的效果评价标准的基础上开展"异构"活动。

日常教育写作中，教学叙事、教学案例分析、教学技法探究等类型的文章，均离不开课程视角。以《背影》教学为例，《背影》在不同版本的教材中，有时被编入七年级教科书，有时被编入八年级课本。所属的年级不同，单元不同，也就意味着《背影》承载的教学任务必然不同。当《背影》的核心学习任务是描写典型细节时，教学的重心就理应放在父亲爬月台的文字上；当《背影》的核心学习任务是描写亲情时，教学的重心就理应放在选材、组材以及详略安排上。撰写以课文《背影》为研究对象的教学文章时，必须依据《背影》的课程属性探究其情境创设、任务确立和活动开展，才能确保写出来的文章不偏离语文课程体系的轨道。

从课程视角审视教学中的目标设定、重难点安排、情境创设、任务预设等各环节，有利于发现隐藏在热闹背后的课程价值失之偏颇，比如自拟教学目标时脱离了单元主题和教学任务，设定教学重难点时偏离了课文在单元内承载的最重要的学习元素，创设情境时过分关注外在的热闹而淡化了真正的学习，预设任务时超越了学习者的理解力等。写教学研究的文章，必须始终抓紧"课程"这根线，以相应的课程标准为准则，全方位探究各种理念、各种构想、各种实践中的学理，切勿被表面的精彩遮蔽了教学应有的本真模样。

2016年，我在《中学语文》发表了12000余字的教学反思《从五彩缤纷到返璞归真》，系统总结了自身30年的教学得失。就我自身的成长经历而言，我在工作的前20年都未能养成从课程视角观察学科教学的能力。故而，那时的教学便总想着出奇制胜，总希望在公开课上无限放大自身的才华。系统性研究相关课程理论后，我才发现课堂教学中教师的精彩并无太大价值。教师只是知识导游，在规定的游览线路上引导学生观察感悟。教师决不能将自己视作课堂上光芒万丈的"主角"，将学生视作坐在路边为自己鼓掌的"群众演员"甚至"观众"，那样的教学仅仅是表演，不是真正的学习。

明白了上述道理之后，写任意主题的教学文章时，我便都要从"学生视角"和"课程视角"反复观察和思考，务求我所阐释的教学理论、我所呈现的教学实践案例，都能契合语文课程标准的相关要求，都能彰显学生的主体地位。而当我用这些视角观察各类名师展示课时，往往也能透过那些精妙的设计、诗意的表达，迅速区分出这些课究竟是为了展示给听课教师观赏，还是在真正引导学生学会学习。

四、未来视角：以生活价值为目的地

戴维·珀金斯在《为未知而教，为未来而学》中，将教育的任务定义为"不仅仅是传递'已经打开的盒子'里面的内容，更应当是培养学生对'尚未打开的盒子'和'即将打开的盒子'里面内容的好奇心"。此定义持有的教育视角便是"未来视角"。未来视角不排除对当下学习内容的有意注意，但绝不因为当下的需求便舍弃了对未来的关注与探究。

写教育教学文章时，如果只瞄准当下需要而观察和探究相关问题，便很难跳出功利主义的小圈子。其写作重心必然落在应试及与应试紧密相关的内容上。比如，同样是高三年级的语文教学，有的教师非考点知识不教、非考纲内容不练，有的教师则既利用学习内容对学生进行必要的技能训练，也借助高三阶段丰富的阅读素材引导学生认知外部世界、探究人情人性，培养其责任意识和担当品质。当不同的教育作者针对这两类教师的教学行为进行评价时，缺乏"未来视角"和"学生视角"的人会认为前一种做法目标清晰、训练具体、内容设计精当，后一种做法脱离高考实际需要、重心不突出、花拳绣腿……拥有"未来视角"的作者会立足于学生的未来生活需要而探究课堂上的各种活动，发现并甄别这些活动是否真正有利于提升学生的学习品质，是否真正有利于学生养成服务未来的学习能力。

教育写作中，未来视角既适用于从宏观角度品评一所学校的办学理念和校园文化，也适用于从微观角度探究课堂教学中的拓展迁移训练，还适用于正面申述自身的教学理念和教学行为。以我的"三度语文"教学理念为例，我将"三度语文"的教学流程设定为"走进文本，走进作者，走进生活，走进文化，走进心灵"，追求教学活动中的"知识在场，技能在场，生命在场"，其中的"走进生活，走进文化，走进心灵"和"生命在场"，就是基于未来视角的教学活动，而"走进文本"则属于课程视角。我所发表的数百余篇教育教学文章，绝大多数都是立足于学生视角、课程视角和未来视角来探究相关学理和方法。

需要注意的是，未来视角并非科幻式的浪漫，而是与当下生活紧密相联的推想性写实。教学写作中的未来视角，很大程度上是依照现实生活对公民素养的常态化要求而观察当下的教育。也就是说，教育写作中的未来视角，并不需要指向遥远的下一个世纪，只需要立足于当今社会对人才的需要模式，从人的健康成长和终身发展两个方面探究当下教育中的各类问题。以未来视角审视当下各类教育行为时，才能够发现当下学校教育与社会需要的脱节，才能够在教育教学过程中树立起以未来生活价值为目的的正确教育观。

写教育教学文章时，上述四大视角往往综合作用于同一篇作品。优秀的教育类文章始终是教师视角、学生视角和未来视角的综合体，优秀的教学论文也总是兼具教师视角、学生视角、课程视角和未来视角。那些只拥有一个视角，或者虽有多个视角但其视角出现偏差的文章，在学理上通常站不住脚，也就很难获得正式发表的机会。

第 3 讲

追寻"生命在场"的教学叙事

教学叙事是迥异于教学论文的一种文章体式。前者以"记叙"为主要表达方式,通过对已然发生的教学故事进行叙述或描绘,直观且详尽地呈现教学行为发生、发展过程中的相关技巧、情感和策略。后者以"议论"为主要表达方式,通过对宏观的、抽象的、共性化的事理进行深度分析,寻找并建构系统性解决相应教学问题的普适化的理论与方法。两相比较,教学叙事具有事例单一、表达感性化和结构简单化等特征。夸张来说,类似于中学生所写的记叙文。

日常的教育写作中,为数众多的一线教师在写教学叙事时习惯"穿靴戴帽",即首尾两部分均设置了大篇幅的议论性内容,这显然有违叙事之道。教学叙事的价值在于"用事实说话",将教学行为中需要了解的技巧、思想、情感等全部融入具体的事件之中。这也和中学生的记叙文一样,好的记叙文从来不需要硬性点题,而是要将主题藏在故事背后,让读者慢慢咀嚼回味。

在常态化的写作技巧之外，教学叙事更关注所叙之"事"的教学价值。此项价值绝非以叙事者的主观感觉为评价标准，而是取决于教学内容的课程意义、教学行为的成长意义、教学活动的浸润意义。影响教学叙事优劣成败的关键，不在于事件是否完整，也不在于叙述是否生动有趣，而在于透过这个叙事能给读者带来什么样的思考或感悟。

一、叙事之魂：生命与成长

一切的教学叙事，均与生命和成长密不可分。教学叙事中的生命与成长，首先指向叙事者自身，其次指向所叙之事中的当事人。此外，还有两种相对虚空的生命体同样应在叙事中予以关注："教学"的生命和"课程"的生命。也就是说，一篇优秀的教学叙事，读者不但能够从中读出叙事者强烈的生命成长意识，而且能够读出叙事者对他人、对教学行为、对课程持有的理性化的价值判定。此四者，缺一不可。

有一些教学叙事者，只满足于将课堂中的某一环节，或某一片段记录下来，并未思考此种记录对于自身的专业发展、学生的健康成长、学科知识的体系化建构具有何种促进价值。由此形成的叙事，算不上自觉的教育写作。生活中，绝非所有的事都值得写成一篇叙事散文；教学中，绝非所有的课堂经历都值得转换为一篇教学叙事。

优秀的教学叙事，离不开优秀的素材。

什么样的教学行为或者教学活动，才可以称为优秀的教学叙事的素材呢？我认为，至少应该满足下述四点。

第一，亲历该行为或活动，并确实受到了触动，形成了与以往不同的情感体验。

第二，能够从该事件中发现并提炼出某些契合教学规律的元素。

第三，感受到该事件具有某种警醒价值或者传播价值，并且具有较强的可复制性，能帮助读者提升专业技能或者丰富专业认知。

第四，事件中的教学行为或教学活动能够承载相应学科的课程目标，形成的自主学习行为或者合作探究活动符合该学科的课程标准，并体现出立德树人的教育宗旨。

接下来，我要给大家描述一件真实的课堂教学案例。仅从这几段文字看，可称为一则袖珍版的教学叙事：

在一所学校上示范课时，我提问了一个学生，只见这孩子的双唇高频率地颤动，却始终听不到清亮的声音。于是，我保持鼓励的微笑静静地等待，等待这朵花开放。那时，我知道这是一个展示我教学耐心的绝佳机会。这样的机会，许多名师都在他们的展示课上演绎着，并获得评课者的持久好评。

那一刻漫长如极夜。孩子那颤动的双唇，以更高的频率运动着，却始终没有发出声音。我的内心开始焦躁，但脸上始终保持着鼓励的微笑。

偌大的阶梯教室里，几十名学生与几十位听课教师的眼睛，全部聚焦在我和这孩子身上。怎么办？大脑中的储存器开始超高速运转起来，5秒钟内，我便将20余年来听过、看过、研究过的无数名师的无数教学机智案例从C盘直接搜索到F盘。我应该继续保持微笑静静等候吗？可这节课并不是专为这一个孩子而开设的啊。

我几近绝望，真想自找台阶，说两句诸如"还没有想好这个问题吗？坐下再想一想，先听同学怎么说，一会儿再说，好吗？"之类的场面话。当然，说话时的微笑应该更亲切，还应有一个用手轻拍孩子肩膀表示宽容和安抚的动作。

当我准备放弃等待时，一丝灵光突然迸出：为什么不让这孩子到黑板上去写呢？口讷的孩子，心并不讷，写出来不是一样吗？我立刻在继续保持亲切微笑的同时，俯身靠近孩子，对他说："你愿不愿意到黑板上把你想说的内容写出来？"

那孩子当然愿意，双唇立刻沉静下来。他很自信地走向黑板，写出他大脑中的那个憋了很久的答案。

看着他工整的板书，我如释重负，心中漾出一丝浅浅的快乐，为了这个改说为写的变通。

我之所以要将这个教学细节记录下来，是因为它包含了较为丰厚的教学信息。这些信息包括：课堂提问时，遇见不发言的学生该怎么办？如何呵护内向型学生的自信心？如何有效关注师生对话时其他学生的学习状态？如何培养教师的教学机智……将这些问题汇聚起来，其根本依旧在于如何促进教师教学技能的提升，如何帮助学生更好地学习和成长。

二、叙事之骨：唯真唯实

教学叙事的终极价值，在于盘点得失、寻找方法、提炼技能、磨砺情感，为做最好的自己蓄积能量。要保障此种价值真实有效，所叙之事必须来自课堂的真实学习活动，决不能将教学叙事演绎成"教学小说"，用虚构的情节展示加上"美颜"和"滤镜"的教学生活。那样的话，所叙之事或许更加精彩，主题意义也可能更加"高大上"，教学研究价值却要大打折扣。

教学叙事中的"真实"，包括四方面的内容。

真实的课堂质态。教学叙事具有实录性。其写作过程中虽离不开详略安排，但切勿故意舍弃某些过程性内容，谨防断章取义带来的认知偏差。比如，阅读某些名师的课堂叙事时，会发现其记述的学生发言过于流畅、理性、深邃，其见识甚至超过了大多数的语文教师。这样的叙事便属于经过了深加工，是"艺术的真实"，而非"教学的真实"。如果只依托这样的叙事来研究教师的教学技法，获得的信息尚不至于出现偏差；如果用这样的叙事研究该学段学生的学习能力和认知能力，则形成的结论必然跟实际状况大相径庭。

真实的价值诉求。基于应试需求的教学和基于生命健康成长的教学，在目标定位、活动开展等各方面都必然存在差异。撰写教学叙事时，只有真实地展示课堂中的价值诉求，才能有效诊疗教师认知中可能出现的偏差。比如，同样是记述一节高三试卷评讲课，持有不同教学认知的若干叙事者，其课堂的内容设计、活动安排和叙事重心必然存在差异。倘若一节试卷评讲课只是就题讲题，或者虽有拓展迁移，但仅指向应试技巧，而不是指向思维训练，更不是指向综合素养，则据此形成的教学叙事必然以呈现简单应试思维为根本。

真实的情感体验。课堂活动离不开特定的情感体验。师生在课堂活动中呈现出的喜怒哀乐，彰显着课堂活动的"温度"与"深度"。撰写教学叙事时，需关注学习者在具体活动过程中的困惑、焦虑、冥思、顿悟等多种情感体验，要善于将这些细节真实地描绘到叙事之中。唯有真实描述出这些情感体验中的细节，才能发现教师设计的活动或提出问题的教学价值，才能更客观地研究具体学情。

真实的素养积淀。教学叙事属于"我手写我心"。叙事中隐含着的学理认知、价值取向等信息，代表着叙事者在特定时间内对教学的真实理解。此种理解因人而异，因时而异，甚至因课而异。比如，同一位语文教学叙事者，撰写文学类文本的教学叙事时持有的教学主张，跟撰写实用类文本的教学叙事时持有的教学主张，就极有可能存在较大的差异。前者可能比较注重文本中的生命意识，后者可能更多关注文本中的应试元素。

此四方面的真实，构成了教学叙事的根基。当然，如果叙事者对教学的理解完全建立在简单应试思维的基础之上，写出来的教学叙事便很难获得报刊的认同。"真实"是支撑教学叙事的生命骨骼，只有骨骼还无法构成鲜活且独特的生命。故而，在"真实"之上，教学叙事还需要具有更高的写作要求。

三、叙事之经络：课程与学理

如果课堂上探讨的问题、组织的活动与应该学习的课程内容无关，则即便其问题与活动关乎生命，即便其每一个字都来自课堂的真实行为，形成的教学叙事也缺乏足够的科研价值。更高水准的教学叙事，必须建立在课程与学理之上。

课程是什么？是相应的知识、相关的技能得以体系化存在于学习内容的专业化载体，也是学习过程本身。用《后现代课程观》中的观点来表达，即课程不再被视为固定的、先验的"跑道"，而成为达成个人转变的通道。以语文学科的学习内容为例，一篇课文被选入某一单元绝非随意而为，而是因为该课文中蕴藏着的某些知识点或者能力点契合该单元的课程任务。教师在教此单元中的某一篇课文时，理应围绕课程任务而设定学习内容，决不能不顾课程建设的客观需要，只依照教师的个体喜好或者认知水准随意取舍学习任务。

只有理解了课程与学理在教学中的重要价值，才能明白一切的教学叙事都必须以课程和学理为叙事的经络。在网络上，甚至在少部分的报刊上，我经常会阅读到少量的看似很有新意的教学叙事，只是一旦将其纳入课程的范畴进行审视，便能迅速发现其存在的问题。比如，语文教师在教学亲情主题的作品时，用大量的时间组织学生讲述亲情故事；在教学爱情主题的作品时，用大量的拓展迁移训练帮助学生建立正确的"爱情观"。这样的活动看起来融听说读写为一体，学生课堂投入度高，事实上与应该完成的学习任务关系不大。

请看下面这段文字。其教学叙事中呈现出的活动任务与活动过程，就存在着看起来很热闹、实际上脱离教学内容的课程属性的缺憾：

最后的十多分钟时间，我把教学的主要精力放在了课堂拓展上。首先，我设计了一个小练习，要求学生以"面对婚变情伤，我不再忍气吞声，我不再____，我不再____，我要_____"的表述格式，完成对课文内容的提炼。随后，我又借助PPT，展示了一组图片文字，多角度展示当下大学生的爱情观，对学生进行正确的爱情观教育。最后，我以诗意且深情的语言，诵读了一段文字，讴歌了美好的爱情，也对学生提出了忠告……

表面上看，该叙事中包含了三项学习任务：提炼文本相关信息，利用相关教学资源进行思想情感教育，讴歌爱情的美好。实际上，第一项任务中的三处填空与文本的关联度不大，并不需要深入研读文本内容。第二项任务和第三项任务与课文内容更是缺乏知识和能力上的相关性。也就是说，教师用十多分钟所做的这三件事，与《氓》这首最古老的叙事诗只是在主题意义上略有关联，未能把握住《氓》作为课文应该承载的课程任务。这样的叙事也就构成了教学上的学理错误。

高水准的教学叙事，应建立在对教学内容的课程属性形成准确定位的前提之下。依旧以《氓》的教学为例，如果教师在设计教学内容时能够将重点放在"叙事诗"这一体例之上，能够立足于《诗经》中的"赋比兴"在《氓》中的具体应用而探讨爱情与婚姻，侧重于引导学生认知"婚变"主题和"爱情"主题的内涵差异，则教学中的探究便大体契合了《氓》的课程属性。据此而创作的教学叙事才能够将"教学"真正落实到位。

四、叙事之温度：情怀与健康

如果说基于课程意识的教学叙事体现出教师良好的教学理性和课程素养，那么，建立在丰厚的教育情怀和健康健全的人格心理基础之上的教学叙事，便代表了教学叙事的最高境界。有境界方有高格，做人如此，教学叙事亦是如此。

教学叙事应该持有什么样的教育情怀呢？

一位教师在执教《老王》时，提出了这样一个问题：如果老王生活在你身边，你会怎么办？该教师在其教学叙事中详细描绘了多位学生对该问题做出的各种精彩回答，认为这个问题激活了学生的情感体验，有利于培养学生的良善品格。

我对此种"情怀"持不认同的态度。一是因为教师提出的问题与文本的课程属性无关，二是因为该问题的回答没有任何的现实"成本"，不过是培养"口的巨人"，而非"行动的巨人"。语文教学关乎人情人性，不能脱离了真实的情感体验和真正的灵魂触动而空谈情怀。

如果将该问题换成下面这组问题，效果可能就不一样了：作为一名外地游客，你到北京旅游，遇见三轮车夫向你揽生意，你是主动挑选老王这样身体残疾、行动不利落的车夫，还是选择身强力壮、看起来干净利落的车夫？当绝大多数人都不愿意选择老王时，老王该如何生活？就算你了解了老王的苦难，有心帮助他，你会坚持多长时间，又会如何给予他具体的帮助？如果你自己也生活在极其艰难的环境中，你还会帮助他吗？……

这些问题涉及真实的生活体验，需要将学习者带入特定的生活情境之中，以"人"的正常感受来体验老王的遭遇。只有在教学中建立起这样的真思考、真感悟，学生才能真正理解老王命运悲剧的必然性，也才能理解杨绛在文章中呈现的自我解剖意识。依照这样的设计而形成的教学叙事，才能富含教育情怀，才能帮助学生建立真正的悲悯意识和人道精神。

需要强调的是，教学叙事中持有的教育情怀从不需要贴标签，而是渗透在教学活动的所有细节之中。富有教育情怀的教学叙事，一定远离道德说教，远离不经深刻思考便轻易形成的表态性发言。教师只有在教学中真正理解了尊重与敬畏，真正将学生视作思想者和成长者，才能始终致力于教学活动中的思维开启和生命润泽，进而形成富有生命温度的教学叙事。

下面三段文字，选自我的教学叙事《好课，总是直抵心灵》。我认为，这样的教学叙事，呈现出了教师应有的教育情怀。

"走进生活"环节结束后，教师又把讨论引到了面对道义和生命的冲突这个文化话题上。老师先是展示了晚清时期以死激发国人的陈天华事例，让学生思考陈天华的跳海自杀与前面所举的几个自杀案例的区别。接着又举出了小学课本上的《"诺曼底号"遇难记》中船长和大副放弃自己生命，并责令男人让妇女、儿童登船的例子。这样，也就水到渠成地引出了课堂上的第二个中心话题——当道义和生命相冲突时，人，有没有权利选择生命？这个环节，显然把生命放置到传统的"舍生取义"文化背景下来研究了。

课堂上的第三个中心话题——当面临一种责任时，人，有没有权利选择生命？这个环节是紧接着上个环节的思考讨论进行的。这里，教师先是举了董存瑞和黄继光这两位英雄的例子来供学生思考，然后又展示了《××省消防条例》中关于紧急时刻调动消防队员和义务消防队员参加救灾的条款，让学生思索责任和生命孰轻孰重。此环节，显然又是上一个环节的深化。

课进行到这里，学生已完全沉浸到生命的思考中。课堂中除了不断地提问和回答，整体氛围很是凝重压抑。

该课例中，教师不是依靠说教或者贴标签而达成生命教育的目标，而是依托环环相扣的问题推动着思维朝向纵深处延展。此种教学叙事，有生命与成长，有真实的思考与感触，有课程任务与思维的内在层次性，有教育情怀和健全人格，因而也就属于具有较高教科研价值的教学叙事。

第 4 讲

案例分析，切勿"课程"缺位

基础教育阶段的学校教科研活动中，案例分析属于最常见的活动形式。对一节课的评头论足属于案例分析，对一则教学设计、一篇课堂实录的斟酌推敲属于案例分析，对一种教学技法、一种认知态度的解读批判依旧属于案例分析。只是，以口语表达的方式呈现出的案例分析往往存在着感性有余而理性不足的欠缺，多以个体经验为分析评价的标尺，鲜以学科课程理论为准绳，因而也就缺乏认知的深度和视角的宽度。唯有静下心来，以相应的学理做支撑，用课程这把手术刀细心解剖，才能透过表象，发现内核中隐藏着的丰富或单薄的东西。

写案例分析类的教学文章时，宏观上应关注四个方面的问题：案例具有代表性，在一定程度上彰显着某种代表性的认知或行为；案例中蕴含着的教育元素丰富多元，能够满足多视角解剖的物质化需求；认知与表达富有层次性，拥有"人无我有，人有我优"的特征；至少有一个层次或一个视角上的解析，能够给读者带来思想的触动，促使其重新审视案例本身。

至于中观层面或者微观层面上的写作技巧，则需关注下述四点信息。

一、锁定目标，探寻文字背后的课程意识

日常的听评课活动中，时常有一些"资深教师"诚恳且语重心长地告诫年轻教师，说你这节课的教学活动开展得很好，只是，我觉得这篇课文中的某某问题十分重要，但你忽略了，没有组织学生探究。某名师的课之所以精彩，就在于他善于抓住这类问题，营造出课堂教学"情理之中，意料之外"的独特效果。

15年前，我也常说这样的话。我在撰写案例分析的文章时，也总是将自身的理解带入对他人教学行为的评价中，以我所认定的教学重难点评判他人的教学安排。后来，因为接触了课程论的知识，我才明白，教材不过是学习、思考和探究的必要载体，无须将其中的每一个知识点都揉碎了喂给学生。特别是语文、政治、历史、英语这四门学科，教师应该做的，不过是依照教材的既有知识体系适度取舍相应的教学内容，绝不能是依照教师的主观感受而裁定某些内容是否重要。

比如语文教学。在朱自清的《背影》中，什么样的内容必须教？什么样的内容不必教？研究不同时期的不同教学案例，或者研究同一时期的不同教学者各具特色的教学设计，不难发现其中有很多个性化的元素，但也一定不缺乏某些共性化的教

学内容甚至教学活动形式。事实上，课文《背影》的教学重难点只能由其所在单元的课程目标和教学任务决定，将其放到不同的主题单元或者知识单元中，就必须依照该单元的目标和任务取舍教学内容。

上述主张和教学案例分析之间存在着紧密关联。依据上述主张，当我们需要分析某一教学案例时，其评判标准绝不能是"我认为"，而是相应的课程理论和课程体系化知识结构。也就是说，当我们观赏或者阅读《背影》的教学案例时，既不能以自身教学该课文的感触为评价标准，也不能以授课教师的教学设计是否新颖独特为立论之根，而是要先研究该教师执教的《背影》出现在什么样的主题单元或者知识单元中，再依照对该单元所有课文的分析，准确"丈量"《背影》应该承载的核心任务，最后才能依照这样的分析，评价授课教师是否精准且巧妙地落实了这些目标和任务。

为了更好地阐释课程意识在案例分析中的思维开启价值，下面我将以"《背影》优秀教案"第一则教学设计为例，简要分析其中的得与失，同时提出相应的写作切入点。有兴趣的读者依照我提出的问题进行深度探究并形成文字，便是一篇立足于课程意识的教学案例文章。

该设计由"教学目标""教学重难点""教学策略""教学过程"四大板块构成。其中，教学目标共十条，教学过程共七个环节。就教学目标拟设而言，一节课要完成十项任务，显然太多。即使这十条均属于该单元必须落实的学习任务，也存在着任务分配不均衡、任务与文本特征结合不紧密的弊端。针对该板块内容写案例分析类文章时，可先整合提炼《背影》所属单元的学习任务，再简析该单元其他课文与单元学习任务的关系，最后对设计者的十条目标逐一分析解读，探究其预设的目标和应有的学习任务间的契合度。

教学过程的七个环节，依次为"作者简介导入""感知学习""内容探究""主旨探究""写法探究""活动学习""作业布置"。其中，"内容探究"以教师预设的"作者眼中，他的父亲好吗？你从哪儿看出来的？""能写出如此感人至深的父亲的儿子是怎样的人呢？请你从文中找出依据，进行评价。"两个思考题带动起学生的自主学习、思考和探究。"主旨探究"以教师预设的五个问题作为引领。"写法探究"以教师预设的"这样感人至深而又蕴蓄丰厚的文章，是怎样用文字传递这种深情的呢？"组织起合作探究，然后教师归纳出三点写作技巧。"活动学习"以教师预设的三项活动为依托而开展读写结合训练，此三项活动分别是：①你的父亲和文中的父亲相似吗？结合生活事例讲讲你的故事，谈谈你的感受。②播放学生家庭的父子温馨照片，讲经历，谈感动。③播放卜劳恩《父与子》的几幅漫画，让学生结合自己的生活经历，说说看到的父子之情。

仅凭我的摘要陈述，你能感受到该设计在实际教学中的精彩吗？当我阅读其教学第三至六环节的问题与活动时，脑海中出现的是若干名学生在课堂上哽咽着讲述父子深情故事并现场放声痛哭的画面，耳中也依稀听到了听课教师的鼓掌声。这样的设计和这样的课堂，很多语文教师会视为经典。但是，当我们用课程意识来深度解析时，会发现它问题众多。

哪些问题值得以案例分析的形式写成文章呢？一种方法是从教学过程的七个环节入手，整体上解析其内容设定和活动的开展。此七个环节的问题在于试图用一节课解决所有的语文学习问题，因而也就在"面面俱到"中丢失了真正的重难点。另一种方法是只选择其中的一个环节进行解析，比如"活动学习"环节，要深入研究教师预设的三项活动与《背影》的学习任务的有效关联，还要结合上一环节的"写法探究"，看"活动学习"环节的所有讲述是否有效运用了《背影》的相关写法。只有以课程的理性之镜观察课堂，才能透过案例的表面精彩，发现其内核的丰富或者干瘪。

二、精准选点，解析个案之中的共性症状

由上述《背影》的课案解析可知，当我们面对一则教学案例时，可供研究的信息不但贯穿该案例的全部内容，而且可以拓展至更广阔的学科教学领域和文本感知领域。但案例分析毕竟不是高等教育的毕业论文，无须建构宏大的言说框架，也无须借助一个案例的解析解决若干学科教学问题。故而，常规意义上的教学案例分析，通常只需抓住案例中最值得探究的一两个点做纵深解剖，或探寻案例中存在的共性化问题，或归纳提炼案例中值得借鉴的方法与措施。

在日常的案例分析中，我们需要重点关注案例的哪些信息呢？

除上面所说的课程意识，还可以从如下五个方面选择相关

信息，借助于具体案例中暴露出来的问题，或者展示出来的优点，深度研究学科教学的相应理念、方法或活动细节。

1."教教材"还是"用教材教"。该信息指向案例的整体教学流程。在"教教材"的教学案例中，课堂上的绝大多数活动均指向教材中客观呈现的"专家结论"，其教学任务以认知并理解教材内容为根本。"用教材教"的教学案例则是指向教材中隐藏着的"专家思维方式"，旨在以有限的课程资源为样本，引导学生举一反三，发现共性化的认知规律，并解决现实生活中的相关问题。比如，语文课案只引导学生跟着课文的内容跑，只引导学生跟着教师的节奏赏析文章的章法结构和语言内涵，而不是利用文本资源培养必要的语文能力，则这样的课无论多精彩，也只是"教教材"。现实的教学情境下，语文学科的"教教材"现象虽屡遭批评，却从未根绝。

2."服务学生成长"还是"展示教师素养"。该信息指向案例中的具体教学环节。许多以教学设计精巧、个体学养丰厚而著称的名师，其在大型展示活动中开设的示范课、观摩课往往过分追求个性化的表达，在标新立异中一步步远离了教学内容承载的既定任务，使课堂教学变成了教师个体的才艺秀。比如，某位语文教师博览群书，一节语文课中脱口而出的古诗文和西哲名言有数十句之多。这便可以作为案例分析的一个信息源，从学生现场听课反应的角度进行探讨。

3."制造干扰"还是"创设情境"。设计教学流程如同写作文，总有很多人喜欢采用"穿靴戴帽"式结构，前有导入，后有提升。面对该类型的教学案例时，可只围绕其新课导入和课内总结两部分的活动形式、活动效果进行深度解析。比如，在教学"引力"时先播放五至十分钟的《流浪地球》片段，在教学《林黛玉进贾府》时先播放电视剧《红楼梦》的片头和主题曲，在"二元一次方程"教学的总结阶段用诗意的话语颂扬数学思维美学，在英语语法教学的总结中大谈东西方文化的差异……凡此种种，都不利于建构真正的"专家思维"路径，不但没有创设出必要的学习情境，而且形成了思维的干扰和阻断。

4. "主动学习"还是"被动接纳"。所有的教学案例，均离不开特定的学习活动。好的教学活动必须注重学生自主学习能力的培养，能够借助精巧的问题激活学生的学习思维，使其主动寻找问题的答案，探索解决问题的路径和方法。如果某个教学案例中所有的问题都来自教师的预设，且这些问题仅指向事实性知识和程序性知识，指向由"具体"到"具体"的低通道思维模式，指向教材中既定的专家结论，学生只是被动地接纳这些知识信息，则这样的教学即使满堂课都在提问、都在师生互动，也依旧是一节无效的课。以这样的课堂作为教学行为分析的案例时，切勿被外在形态的热闹遮蔽了理性的双眼。

5. "指向结果"还是"指向开放"。从宏观上看，"指向结果"的教学案例中，教师组织开展的一切活动，最终都指向既定的专家结论。"指向开放"的教学案例中，师生间的所有对话与活动，则始终瞄准学习中应该构建的专家思维。前者呈现出辐辏式特征，后者呈现出辐射式特征。从微观上看，"指向结果"的教学案例中，教师提出的所有问题，都是为了获得一个"标准答案"。"指向开放"的教学案例中，教师创设的情境、预设的问题、组织的活动，都是为了更好地激活学生的学习思维，使其能够从更多层面、更多视角观察和发现相关问题。写案例分析类文章时，把握住两种指向间的本质差异，有利于精准评判授课教师的教育理念和教育情怀。

三、有破有立，寻觅解决问题的理想路径

从实践层面而言，大多数的案例分析属于"批判型案例分析"，以发现病症、探寻病因、寻求诊疗之法为主要内容。写此类型的案例分析文章时，最基本的结构形式是先破后立。

案例分析中的"破"，至少包括"确定对象""选定落点""精准解析"三个环节。确定的解析"对象"可以是立足宏观育人理念或课程意识的完整案例，也可以是中观层面的某一板块、某一种教学技法，还可以是微观层面上的某一教学细节。选择前两种"对象"时，需先用精准的语言对案例进行概括提炼。选择后一种"对象"时，可直接节录案例中的完整信息。

"落点"是案例分析的关键。同样一则案例，落点不同，呈现出的教学认知与教学理性便不同。一般而言，落点的选定应以上一节文字的阐释为依据，首先是立足课程这一根本，看整个案例是否体现出较好的课程意识。然后依照上一节所列的五个方面的内容逐一分析推定，最终选择案例中最突出的一两个点作为解析对象。也可以从阅读案例时最有感触的一两个点切入，依托课程意识和教学理性做出合理的分析阐释。

"精准解析"是"落点"的自然延续和理性解读。从什么

样的角度选择落点，便应该从什么样的角度精准解析。解析案例时，需理顺思维层次。一般而言，应遵从由整体到局部、由主要到次要的原则，也可以立足于课程视角、教师视角、学生视角、未来视角进行分类解析。案例解析的语言要富有针对性，能针对案例中的具体内容进行理性解剖。

案例分析中的"立"，是"破"的基础上的"立"。一般而言，从何处"破"，便应从何处"立"。"立"是案例分析的根本，是决定案例分析价值的核心。"立"的依据必须是禁得住推敲验证的教学理念，不能是评价者自身的主观感觉或者认知经验。

比如，当我们发现某一案例在整体教学设计上存在着课程意识的欠缺时，写作的第一步必然是先用概述性话语简要陈述其课程意识缺乏的具体表现，第二步是针对这些表现进行解析，第三步则需要针对案例中存在的错误，从"应然"层面建构合理的思维路径，为读者展示切合课程标准和学科知识体系化建设的新构想。此种"新构想"，可以依托被公认的其他教学案例充当论据，也可以从学理出发进行推论性设计。"立"的最终目的，是为读者提供一种"应该如此"的教学行走路径。

也有一定数量的教学案例分析，以归纳提炼成功的教学技法为写作目的。这种类型的教学案例分析属于"鉴赏型案例分析"。写此类案例分析文章时，需注意剥离主观情感，避免因为欣赏甚至崇拜而导致的认知偏差。比如对某位名师课堂实录的鉴赏，对某位名师某一教学环节中的某一教学行为的解读，均应将其纳入"课程"等六大"选点"标准之中，依据学理展开理性分析。

四、叙议结合，建构精准表达的适宜框架

从文章的章法结构上看，案例分析和常态性的教学论文最明显的差异在于叙议关系的处理。常态性的教学论文，其最重要的表达方式是议论。作者的写作目的，在于阐释某种观点、理念或者论题，为读者提供认知思维方面的思想启迪或行动指南。案例分析的最重要的表达方式虽然也是议论，但行文过程中离不开大量的概括叙述。作者的写作目的，也基于从一个具体案例发现共性化的问题或经验。常态性教学论文中的叙议关系，体现为议是根本、叙是支撑议论的论据材料。其中，充当论据的叙述性例证材料具有可替换性。案例分析中的叙议关系，体现为叙是缘起、素材或现象，是不可替换的"具体"，议是对"叙"的内容进行归纳、提炼或评价，是"抽象"，具有非确定性。

将上面的分析进一步概括，可形成如下表述：常态性教学论文中，作者持有的观点是确定的，用来支撑观点的相关案例材料是不确定的，可随机选择；常态性案例分析中，作者面对的案例是确定的，由案例中发现的问题、形成的观点是不确定的，受制于作者的教学理念、教育情怀和思维方式。常态性的教学论文是先有观点，再依据观点选择案例材料充当论据；常态性的案例分析是先有具体的案例，再依照不同的思维落点和解析视角，形成不同的认知主张。

下面这个写作框架，大体上能够展示案例分析的结构特征。

①立足课案，从自主学习中的困惑开始切入事实，列举近

十名学生提出的十多个问题,用以引出论题。

②简析此种导入的价值。

③对学生提出的问题进行归类,简析其课程价值。

④阐释面对来自学生的问题时,教师应该采用的教学方法。

⑤从课程知识结构的视角阐释学生问题的课程价值。

⑥从教师预设的课堂主问题与课文应该承载的学习任务之间的关系角度探究"问题""任务""目标""课程"之间的关系。

⑦反刍整节课的起承转合,提出值得深思的新问题:为什么课堂的后半部分多是以教师的强势解读取代了学生的自主思考和发现?然后进行必要分析。

该框架的第①段,概述并引用案例中的素材,第②③段对第①段的内容进行简要分析,第④段起,围绕第①段的案例,从多个视角提炼观点并分析阐释,既解剖案例中存在的问题,又提出建设性的意见。此种框架,简而言之,即"叙—析—评"式结构。案例分析的文章,大多采用此种结构。

现实的教学写作中,为数甚多的作者在处理"叙—析—评"三环节的文字占比时出现偏差,用三分之二的篇幅直接引用案例中的内容,三分之一的篇幅进行析评。这样的结构,注定了其分析和阐释缺乏广阔的认知视角,难以挖掘出案例中隐藏着的深层次教学问题。在不深度研究案例分析的具体内容的前提下,仅依靠文章中"叙—析—评"三环节的文字占比量,大体上就可以推知该文的学术价值和认知深度。这一点,在写案例分析文章时必须充分关注。

第 5 讲

文本解读，从常识和人性出发

当下，相当数量挂着"文本解读"招牌的文章，事实上只是读后感、随笔或者评论。此三类文章的言说重心，在于读者自身的感悟与思考，而非对文本固有信息的推敲和阐释。真正意义上的文本解读，必须建立在对文本既有内容的深度挖掘之上，致力于透过文字的表象发现潜在的情感、思想或文化的内核。

依照解读视角的差异，文本解读可区分为创作意图解析、写作主旨挖掘、章法结构探究、人物形象解剖、写作技巧研究、情节内容考据等多种类型。选择了某一视角，便需要始终锁定该视角进行观察、分析和拓展。文本解读中的解读视角，就如同旅游时选择的路线和观赏点，走的路不同，选的观赏点不同，见到的风景就理应各具特色。

此种比喻的另一层意义，在于旅游的路线虽然可以有很多条，观赏点也可以有很多个，但通常是"有且仅有"一条最佳线路和极少数的最佳观赏点。写文本解读的文章时，只有找到了这条"最佳线路"和"最佳观赏点",才能发现并精准描述出该文本最值得关注的风景,既丰富了自身的认知体验,也拓展了读者的阅读思维。

"常识"与"人性",往往是帮助我们发现"最佳线路"和"最佳观赏点"的"望远镜"和"放大镜"。

一、发现"潜台词",寻觅"言外之意"

相当数量的经典性作品,善于运用"留白"手法,借助少量的客观呈现,营造出"言在此而意在彼"的丰富意境。写该类型的文本解读作品时,透过已知而发现未知是形成合理认知的最重要路径。

比如,面对《曹刿论战》这一文本时,理性的解读者必然会关注到下面五个问题。

1.曹刿凭什么"请见"便得以"入见"?由曹刿和乡人的对话可知,此时的曹刿不过是远离朝堂的非"肉食者"。在大军压境,国家危在旦夕的情境下,鲁庄公怎么会有闲心接见一个来自民间的士子?

2.曹刿拜见鲁庄公之后,真的就只有这三问三答吗?曹刿凭什么认为"忠之属也。可以一战"?如果你是鲁庄公,你会因为曹刿的这三个问题,便无条件地相信曹刿有能力战胜强大的齐国吗?

3.如果从常识出发,你觉得鲁庄公只有在什么样的情况下才会无条件地相信曹刿,进而将决定国家命运的指挥权交给曹刿?

4. 文章后部分有关战斗过程以及战后分析的内容，和"忠之属也"有关吗？既然取胜的关键在于出击时机的把握和对敌情的精准分析，那么，前面的"论"有何价值？

5. 在看似不合情理的情节背后，左丘明隐藏了什么样的潜台词？他想要借助这篇文章，给读者什么样的启迪？

这五个问题，构成了《曹刿论战》文本解读的五条路径。这五条路径又最终汇聚到作者的写作动机这一核心。只有将这五个问题思考清楚，对《曹刿论战》的理解才能跳出浅层意义上的民心所向，走向深层意义的美政。因为，左丘明在《曹刿论战》中隐藏着的潜台词，不过是"言路畅通，底层士子和顶级贵族自由对话，任人唯贤"的美好政治诉求。

中学语文教科书中，像《曹刿论战》这样富有"潜台词"的课文还有很多，如《记承天寺夜游》《湖心亭看雪》。以这类文本为解读对象时，浅层次的阅读往往只关注文本的字面意义，深层次的品鉴才会致力于探寻文字缝隙中隐藏着的深邃思想或丰厚情感。写文本解读的论文，当然必须建立在深层次鉴赏探究的基础之上，也就离不开对文本语段的深度挖掘。

也有一些课文，如《长江三日》，表面上看，就是记述一次乘船游览长江的所见所感，但将其和特殊的创作背景相结合之后，才会发现文本中的长江和航船也都具有一定的象征意义。针对这类课文写文本解读的论文时，也必须关注其"潜台词"。

下面这几段文字，就透过《长江三日》的字面信息，挖掘出了内在的精神本质。

从景物描绘上看,《长江三日》展示在读者眼前的,是恶劣与优美共生、毁灭与新生共存的独特风物。一方面,大自然以其神奇的手,将三峡一带的长江摆布成充满凶险、随时可能殒命的修罗场;另一方面,又赋予了长江如诗如画的风采神韵。这样的景致,进入文学作品中,自然就容易派生出多元化的意义。这个意义的最浅层内涵,在于告诉读者,社会的发展和生命的前行,都如这万里长江上的航行一样,必然是处处有暗礁,处处有险滩,但也处处有风景,处处有希望。这一点,在作者第二天所见的三峡风光中,已经得到了极好的体现。且不说风景如画的巫峡,即使是凶险异常的西陵峡,也不乏各种各样能称为"风景"的景象。

　　《长江三日》景物描绘的另一层文学内涵,在于一切艰难险阻的可战胜性和短暂性。夔门的雄奇,西陵峡的凶险,最终都被转化为一种独特的风景,并未影响"江津"号的航程。在这战胜凶险的过程中,人类却收获了一种独特的激情:"我觉得这是我所经历的大时代突然一下集中地体现在这奔腾的长江之上。是的,我们的全部生活不就是这样战斗、航进、穿过黑夜走向黎明的吗?"这样的浪漫情怀,如果置放在风平浪静的行程中,便毫无意义。

　　《长江三日》景物描绘的更深层内涵,在于构建一种积极的心理暗示。这一暗示的核心,在于用三峡的波澜壮阔,影射现实生活的云谲波诡。课文中,有一处看似随意的描写,其实极有价值:"现在,船上的人都已酣睡,整个世界也都在安眠,而驾驶室上露出一片宁静的灯光。想一想,掌握住舵轮,透过闪闪电炬,从惊涛骇浪之中寻到一条破浪前进的途径,这是多么豪迈的生活啊!"这段情景交融的文字,其实是《长江三日》中一切思考和发现的"根"。试想,在三峡的航行过程中,一个人如果不信任掌舵者,总是担心着巨轮撞向了礁石而沉没,又怎会有心情观赏沿途的风景?能够把最凶险的行动都当作风景来观赏的人,自然是对掌舵人充满了绝对的信任。因为坚信掌舵人有足够的能力引领航船闯过各种各样的艰难险阻,最终顺利抵达终点,"我"才会有心情把一切都看成风景。刘白羽及同时代的作者,共同坚信困难的暂时性,共同坚信新的政权有足够的能力引领人民走出灾难、走向辉煌,自然也就会刻意淡化自然景象中的凶残与毁灭,而只突出描绘具有风景价值的那一部分内容。

三段文字,三个视角,三个层次,认知逐步深入,内涵逐层丰厚。经由这样的解读,《长江三日》给予读者的就不再是自然风物,而是社会人生。

二、精选"突破口",牵一线而析全篇

写文本解读的论文时,不同身份的解读者拥有不同的解读视角和解读路径。仅从教师这一身份出发而创作的文本解读论文,其视角和路径大多离不开课程和具体的教学活动。也就是说,教师写文本解读的论文,既可以如前文所言解析作者的创作意图、挖掘作品的写作主旨、探究作品的章法结构、解剖作

品中的人物形象、研究文本的写作技巧、考据文本的情节内容，也可以对教学参考书中提供的相关认知展开分析探究，对课文中的相关注释进行考证，对课文与原作中出现的变化进行解析。无论选择何种角度、解读何种内容，都需要精选解读的"突破口"，见人之所未见，思人之所未思，写人之所未写。如此，写出来的文章才能使读者启迪思维。

比如解读姜夔的《扬州慢》，文史专家可考据其中的历史事件，从社会学视角探究个体命运在时代大潮中的挣扎沉浮；一般读者可着眼于"黍离之悲"，鉴赏词作中的意象、意境和典故。从学科教学的视角解读该词作时，则不妨以古诗词鉴赏中常见的炼字炼句作为突破口，抓住词眼，带动起整首词的解读。《扬州慢》的词眼，可确立为词前小序中的"寒水自碧"。

下面几段文字，节选自我撰写的小论文《一"自"立魂，神韵尽出》的第三部分：

只是，那些从扬州城逃离出去的生命，在清洗掉血污、包扎好伤口之后，或许已在另一个风花雪月的城市，重复起醉生梦死的生活。于是，阵阵笙歌中，商女亦厌倦了后庭遗曲，只把今朝之酒，洗濯明日的时光。

寒水却依旧无法忘却曾经的痛。见惯了玉人、听惯了箫声的扬州水，在经历了生离死别的磨砺之后，已然实现了生命的本质飞跃。此时，凛冽的寒风，裹挟着凄厉的号角，弥散在空阔寂寥的荒凉大地之上。风过处，一种锥心刺骨的痛，糅杂在寒水每一缕清漾的柔波中。那翻动的水色，碧得深沉，碧得厚重，碧得没有哪一双手能够掬起。

彻骨寒凉，从每一条沟渠中无法遏止地溢出。水中没有生命，没有青青杨柳舞东风，没有婀娜广袖舒长亭，只有那掩饰了一切的碧波，如一抹信手挥洒出的线条，把一段裂痕，巧妙地遮掩。

花自飘零水自流。花落处，水自黯然垂泪到天明。也许，没有人知晓，这满眼的碧波，其实是扬州之水的鲜血。这血泪泪流淌了15个年头，把个原本丰腴娇艳的扬州，干瘪成无限沧桑与凄凉。

"映阶碧草自春色，隔叶黄鹂空好音。"杜子美在武侯祠的庭院中，面对着满庭春草而感慨万千时，对那茂盛的草儿是颇有微词的。在诗圣的心中，碧草似乎成了没心没肺的家伙，竟然不顾念世俗对武侯的淡忘，没有表现出丝毫的愤世嫉俗。然而，老人家可能忘却了一点：对春草而言，能奉献给武侯的最好祭奠品，除了这满庭春色，还能有什么？正是这迎着春光自由生长的草儿，才真正是造化对武侯的最佳纪念。

同样，姜夔眼前的这清波荡漾的寒水，在这肃杀凄厉的寒冬之中，不正是在用它特有的祭奠方式，哀悼着曾经的历史和逝去的生命吗？寒水没有"我自横刀向天笑"的丈夫气概，也不会有"塞上长城空自许"的无奈。寒水只选择自己的方式，表达它对岁月、生命的敬畏与虔诚。

寒水自碧，那碧波是血，是泪，是永恒的思念，是恒久的忧患……

这几段文字，解读的重心是"寒水自碧"的文化内涵。文中的相关认知，建立在前几个板块的综述和分论之上。该文的综述部分侧重于阐释选择"寒水自碧"作为该文本解读突破口的原因，第一部分侧重于解析"寒水为何而'自碧'"，第二部分侧重于探究"寒水之外的那些坚贞"。其内容符合认知思维的渐进性特征。

在《中学语文经典文本解读》中，我精选了30多篇课文进行个性化解读。其中相当数量课文的解读都采用了"精选突破口"的方法。比如，以"无所待"为突破口解读《逍遥游》，以"万古愁"为突破口解读《将进酒》，以"悲情盛妆"为突破口解读《杜十娘怒沉百宝箱》，以"真的猛士"为突破口解读《记念刘和珍君》，以"因缘"和"变"为突破口解读《可以预约的雪》……这些突破口是解读这些课文的重要抓手，也是教这些课文时足以激活学生的学习思维的重要抓手。此种类型的文本解读，或许没有专家型解读的理论深度，却可以直接服务于学科教学。

三、聚焦时代文化，剥离人为附加

为数众多的经典性文本，在漫长的传承过程中，被人为贴上了各种各样的标签。比如《诗经·关雎》的"后妃之德"，《酬乐天扬州初逢席上见赠》中"沉舟侧畔千帆过，病树前头万木春"的"新事物必将取代旧事物"，《我的叔叔于勒》的"资本主义社会的赤裸裸的金钱关系"，《项链》的"爱慕虚荣、追求享乐的资产阶级生活方式"……以这些课文为写作对象进行文本解读时，必须依托认知常识和人情人性进行分析探究，切勿先贴标签，再对照标签做出断章取义式的定论。

比如，绝大多数语文教师在进行《雷雨》（节选）教学时，总喜欢组织学生探究周朴园和侍萍的情感真伪，进而探究周朴园的性格。在探究活动结束时，为数众多的语文教师还会依照教学参考资料上的陈述，将学生的认知统一到阶级论的标签之上，认定周朴园从青年时代就是一个玩弄女性的资本家大少爷，体现着资产阶级的丑陋与邪恶的共性化特征。这样的人物标定，不利于培养学习者的多元思考能力。

如此，便需要有符合常识和人性的新解读，需要利用新解读推动语文教学朝向思维的广度和深度迈进。我在《睁开第三只眼——〈雷雨〉中周朴园形象再认识》中，就采用了跳出课文的具体内容，将周朴园放到其生存的特定时代文化背景下进行解析和探究，努力还原其作为特定的"人"的情感、思想与行为。

下面这两段文字，节选自该文综述之后的第一部分：

三十年前的周朴园，应该是一个斗士的，一个敢于反对礼教的束缚，为了自己的爱情、幸福而反抗父母之命、媒妁之言的斗士。他在投入战斗时，应该比觉新、觉慧更勇猛，或者更有策略。他终是喝过洋墨水的人，想来应该从西洋人那里学会了更多争取爱情自由的好方法。他能用这些方法，迫使严厉的父母同意自己接纳梅侍萍，这不能不说很了不起。

至于此后梅侍萍被逼投河的悲剧，曹禺先生只为我们勾勒了一个模糊影像，并没有交代清楚其中的真实细节。那么，是否就存在着这样一种可能呢？周公馆的老主人们相中了有钱人家的那个小姐,或是那个有钱人家相中了周家的少爷,两家的长者私下一合计,便决定成就这段姻缘。当然,前提条件是必须了断了梅侍萍这么个多余角色。于是,周家家长从定下这姻亲起,便开始了新一轮的攻坚战,他们要动用一切力量,占领周朴园这个逆子的心灵世界,让他从梅侍萍这个狐狸精的魔咒中脱离出来。最终,他们如愿以偿。

请注意,这样的解读不是为了给周朴园翻案,不是为了标新立异而在写作中故作惊人语。我在此文的第四部分,用下面的文字收拢全文,也阐释了我的解读的合理性:

试想,如果周朴园真的从年轻时就是一个十恶不赦的坏人,那么,《雷雨》的主题,就被局限在了人性的丑恶这一狭隘的意义之上。而他由一个好人甚至反封建斗士转变为封建家长,由多情而转为冷酷无情,这就让读者不得不思考促使其变化的社会因素。周朴园的"由人变成鬼",显然在于社会的病变。

理解了这一点,再回来思考周朴园和梅侍萍之间的情感,也就能够揣摩出这样一个结论:只有周朴园和梅侍萍当初拥有了纯真美好的感情,《雷雨》的悲剧色彩才更为强烈。如果一开始就是欺骗和玩弄,则《雷雨》也就无法体现出时代的风云变幻,无法召唤社会变革的大雷雨的到来。

需要强调的是,以"去蔽"为写作目的的文本解读,重在引导读者认知社会、生活以及人性的复杂多元。完成此类文本解读，知人论世、以意逆志固然重要，作者灵魂深处的道义、良知与担当更值得关注。在具体的写作过程中，必须着眼于最基本的生活常识，立足于共性化的人情人性；依托群体性文化诉求和普适性价值取向展开分析和推定，切勿用一个标签取缔另一个标签。

四、根植学习思维，培养认知理性

从教学视角开展的文本解读，最终必须能够作用于课堂中的思维训练。也就是说，文本的教学解读不以告知结论为目的，而是要借助解读过程中的思维活动和认知层级，引导学习者学会多视角观察、多层级探索。如此，开展相应课文的教学解读论文写作时，就必须充分考虑解读成果对学习者学习思维的开启和养成功能，变"告知专家结论"为"培养专家思维"。

要达成此种目标，除了需要精选突破口，还需要注意解读过程中的思维梯度。一般而言，文本解读总是从文本客观呈现的具体信息切入，先从字面上捕捉相应的解读元素，再从文字的背后发现潜藏的价值意义，接着结合作者的创作意图和时代背景进行纵深分析，然后将由文本中解读出的价值意义纳入更为广阔的文化背景或现实人生中进行比对验证。当然，如果只解读相应文本中的写作技法，或者只考证相应文本中的某一个细节，则其行文思路另当别论。

在2013年5月刊的《中学语文》上，我发表了《人人都有桃花源——〈桃花源记〉的作者意义与读者意义》，此文后被中国人民大学复印报刊资料全文转载于《初中语文教与学》。在这篇文本解读作品中，我从"《桃花源记》的作者意义""《桃花源记》的读者意义""《桃花源记》的教材意义与学生的成长需要"三个解读点进行分层级解读。其中，"《桃花源记》的作者意义"解读，又依照《桃花源记》中客观呈现的内容，提炼出"自给自足的经济模式""自管自治的政治结构""友善互信的伦理框架""和平安宁的价值诉求"四个不同的解读视角。该文本解读的第三个解读点，相关专家和一般性读者都不会顾及。想写此类文本解读的老师，可以此文为写作参考。

在日常的学习活动中培养学生的学习思维，最有效的两大抓手是对话和活动。文本解读无法举行相应的活动，却离不开有序的对话。写文本解读的论文时，作者心中要始终装着问题，要善于经由这些问题和作品、作者、时代、文化、常识、人性等进行多视角、多层级的主题对话。

我在《中学语文》上刊发的《给牢骚穿一件隐形衣——〈始得西山宴游记〉言外之意探微》（2013年11月刊），就始终立足于和文本内容的深度对话而展开。比如：由"僇人"的身份解析出其中隐藏着的内心中的极大不满与反抗；由"居是州"解读出其中隐藏的心不甘、情不愿的郁愤心态；由"恒惴栗"解读出其中隐藏着的内心中的情绪活动和外显的行为；由"施施而行，漫漫而游"解读出柳宗元出游时不事张扬、悄然而出、悄然而归的独特行为和心理；由"到则披草而坐，倾壶而醉"解读出"这些山水无法唤起柳宗元内心的情感共鸣，故而不屑花费时间和精力去观赏""这样的生存环境，破坏了他发现山水中的美好的心境，使他无法用欣赏的心态去观赏万物""由这偏远之处的'醉'而推想其在永州城中的谨小慎微，想醉而不得"的三层意义……这些解读，来自课堂教学中的生本对话和师生对话，又反过来推动课堂教学朝向文本意义的深度感知发展。

正如《雷雨》（节选）的教学可以通过对"三十年前的周朴园是一个什么样的人"的探究，将学习者的思维引入深处广处一样，相当数量的课文也可以通过解读者的精妙发现而打开思维的"另一扇窗"。比如，我在解读《长亭送别》中的崔莺莺这一形象时，就基于生活常识和正常的人情人性而设计了两个对话，轻而易举地撕毁了"崔莺莺是反封建斗士"的标签。将这两个对话用到课堂上，也很轻松地引导学生重新认识了崔莺莺这一形象。我的两个对话是："没有遇到张生前，崔莺莺会认同男女幽会的行为吗？""崔莺莺的女儿如果也像崔莺莺这样处理自己的婚姻，那时的崔莺莺是支持，还是反对？"

类似的文本解读案例还有很多。我在《中学语文经典文本解读》《经典文本解读与教学密码》《高中语文新课创意解读与教学设计》三部专著中，共计解读了80余篇课文，其中绝大多数都是以常识和人性为抓手、以应有的学习思维和认知理性为依托，从语文学科教学中探寻文本中的各种信息。我以为，身处教学第一线的教师，固然可以采用考据学的相关方法对相应课文中的内容进行学理上的深度阐释，但更适合依托学科教学的具体要求而立足于常识和人性认知课文中的人物形象，感知相应文本的思想和情感。

第6讲

教学反思的思维路径与写作技巧

所有的教学反思，都必须建立在特定的认知理性基础之上。教学反思的本质，是重新梳理、审视与探究已经成为事实的教学行为，从中寻找有价值的经验和无价值的过失。从教学反思的动机与效果而言，以完成行政任务为出发点的教学反思在思考的深度与广度两方面都比不上基于自身成长需要的主动反思，而只停留在大脑思考层面上的教学反思也比不上用文字归纳提炼形成的教学反思。毕竟，写出来的教学反思如同亲手完成的雕塑作品，既可以从容不迫地精雕细琢，又可以在基本成型之后不断修正、不断完善。

只是，同一双手完成的雕塑作品，也无可避免地存在着质量的高下之别。当每一个作者都基于自身的教学实际，运用适当的教学理论展开体系化的反思时，不同的作者对教学样本的审视角度、探究深度和思考宽度依旧会出现较大的差异。作者自身的学养固然起着关键性作用，必要的写作思维和写作技巧也发挥重要作用。

那么，有哪些因素会影响写教学反思类的文章呢？写教学反思时，又应该遵循哪些规律性的东西，掌握哪些写作技巧呢？

一、以学科知识体系为瞄准镜，聚焦教学目标的合理性

缺乏课程意识的教师，往往将教学的重心落在"怎么教"上，却极少思考"教什么"以及"为什么教"。如此，其撰写教学反思的文章时，也就不会从课程的视角审视一节课的教学目标、教学任务和教学内容是否定位精准，而是只关注预设的教学目标是否达成、预定的教学任务是否实现、预置的教学内容是否完成、预想的教学效果是否落实。当然不能说这样的反思没有价值，但其终究会因为缺乏根植于课程理性的认知深度而陷入技术主义甚至经验主义的泥淖之中，难以引导反思者从更为宏阔的课程视野下思考学科教学的应有技法。这一点，在大单元教学、任务群学习和跨学科学习的课改背景下显得更为重要。

写教学反思类文章时，如何才能用好课程这个瞄准镜呢？

首先，要反思目标设定的合理性。不要轻易选用来自网络或者报刊的文本教学目标、教学任务和教学内容。要知道，课程总是随着时代的变化而不断变化，相同的教学文本在不同的课程体系中必然存在着不同的教学目标和教学任务，其教学内容的取舍也必须随着目标和任务的变化而变化。反思一节课的教学目标、教学任务和教学内容的定位是否合理，其标准不是昔日教学中的成功经验，不是借鉴某位名师的预设，也不是权威期刊上刊载的课堂实录或教学设计，而是教材的单元说明和

学习任务，是建立在特定学习任务群基础上的素养要素。

以高中语文必修上册第一单元的教学为例，如果教学中的人文目标不是指向"树立伟大革命抱负，理解作者对国家命运前途的关注，激发青春的热情，敞开心扉，追寻理想，拥抱未来"，知识目标不是指向"理解诗歌运用意象抒发感情的手法，把握小说叙事和抒情的特点，体会诗歌和小说的独特魅力；感受文学作品意蕴的丰富性和语言表达的特殊方式，学习从语言、形象、情感等不同角度欣赏作品，获得审美体验，提升审美能力"，则教师的课堂教学行为无论多么精彩，都未能准确落实该单元的课程目标。课程目标的价值在于将各单元的教学内容贯通为一个相对完整的目标体系。每一篇课文都是该目标体系中不可或缺的一个成员，都承担着一份既独特又有联系的学习任务。

其次，要反思教学目标与教学情境、教学任务的对应关系。即使教学目标的设定符合课程体系化建设的要求，也无法保证教学中的情境、任务和活动均紧扣目标而高效益地展开。事实上，在相当数量的语文教学活动中，教学目标仅仅是不得不亮出来的一个漂亮摆件，并未构成整个教学行为的行动指南。

写教学反思时，在审视并确认教学目标符合课程体系化建设要求的前提下，要认真核对教学活动的各环节与相应教学目标的对应程度，凡是无法在教学目标中发现对应条目的情境、任务和活动，则不论其在实际教学中体现出何种程度的精彩，教师也要深入探究此种精彩的合理性，谨防"装修了邻居家的房子"的教学行为。当然，这不是说课堂教学过程中不能出现临时生成的活动，而是强调在课程知识体系框架内收获精彩。

比如，相当数量的语文教师在教学《静女》《氓》《林黛玉进贾府》等课文时，喜欢组织学生探究爱情这一主题。组织这一课堂活动时，学生的发言或许很精彩，课堂气氛或许很热烈，但教师必须反思该探究活动与教学目标间的对应关系，必须反思教学任务与教学活动中的课程元素。请注意，课程元素不等于语文元素。闲聊中均包含着倾听、表达、分析、判断等语文元素，却不包含特定教学单元中特定教学课时所应有的课程元素。

最后，要反思教学目标在教学活动中的落实情况。即使一切教学行为均紧扣教学目标渐进展开，也还存在着目标与行为转换中的效益问题。比如，预设的人文目标是采用教师直接告知的方式予以落实，还是借助层层推进的问题探究分层落实？预设的知识目标是借助特定情境中的特定任务由学生自主达成，还是完全依照教师的教学指令被动落实？此类型反思的关注焦点是目标的落实情况，至于承载教学目标的具体教学任务和教学活动中的技巧性问题，无须花费过多的文字斟酌推敲。

二、以旁观者视角为透视镜，解析教学流程的可行性

教学设计与依照该设计开展的课堂教学活动，集中展示着教师对课程、教材、学情、任务、活动的综合性理解。通常情况下，此类设计与活动，呈现的正是该教师在特定教学时间段中对教学的认知深度与应用能力。正因如此，要想在一节课的教学任务完成之后，立刻借助于教学反思发现教学中存在的各种问题，尤其是发现宏观教学理念方面存在的各种问题，将是一件极具思维挑

战性的事。毕竟，选择了这样的设计与活动，就代表着认为这样的设计与活动合乎教学规律，代表着教学的应有态势。

这便需要转换身份，学会以旁观者视角凝望课堂中的一切行为。这个旁观者必须拥有特定的专家思维，能够依照最新的教学理论客观、冷静地分析教学流程中的起承转合，能够将主观性情感倾向从具体的教学行为中剥离出去，只依据教学固有的规则分项解析既有教学流程的可行性。

要想拥有教学反思中的旁观者身份，难度很大。"旁观者"不同于"听课人"，后者只是"听"或者"看"，然后从自身的经验与认知出发，对一节课做出各种各样的评判或者标定。其形成的评判与结论在学理上未必能够站得住脚。教学反思中的旁观者角色则必须对课堂中一切活动进行推敲斟酌，依据理性和规律对相应内容做出评判。

举一个司空见惯的例子，便可以发现"旁观者角色"与一般性"听课者"的差异：相当数量的大型教学活动中，受邀开课的教学名师在课堂上旁征博引，最大限度地展示着自身的丰厚学养。对此，一般的"听课者"往往报之以热烈的掌声，认为这样的课信息量大、思想深邃、教学理念超前。具有专家思维能力的课堂旁观者则会立足于课程、教材、学情及学习这一行为本身，探究这些旁征博引的内容的合理性，继而发现此种教学行为背后存在着主体偏移的问题。具有专家思维能力的课堂旁观者会通过理性分析，知晓这样的课不过是上给听课教师看的，而非引导课堂上的学生开展真正的语文学习活动。

这个例子虽然谈的是听评课中存在的问题，却完全可以将其转换到教学者自身的教学反思之上。一位具有教学理性的反思者，在完成了一节赢得众多掌声的展示课后，应该反思的最重要的问题，就是课堂上是否"让学习真正发生"。精彩的课，未必是思维在场和生命在场的课；思维在场和生命在场的课则一定是精彩的课。

以旁观者视角审视教学流程时，需注重课程改革对教学流程设计的特定要求。该特定要求包括：

1. 教学流程中的各教学环节能够引领学习者由教材中的具体知识归纳提炼出抽象化的、上位性的概念、原理、主张，形成"具体—抽象—具体"的高通路认知迁移。

2. 整个教学流程依托贯穿整个学习过程的学习情境而展开。

3. 整个教学流程建立在特定任务驱动的基础之上。

4. 各教学任务既环环相扣又逐层推进，将学习者的思维朝向丰富、深刻、开放的方向拓展延伸。

5. 每一项教学任务均建立在学习者自主学习的前提之上，教师不灌输结论，不机械传递来自教材的专家结论。

6. 教学流程是否完整并不重要，比教学流程完整性重要百倍的是高品质的思维活动。

此六项特定要求，构成审视教学流程价值的教学反思文章的六大标准。所谓旁观者视角，就是要舍弃反思者自身的感性与经验，依照此六项要求客观冷静地对比分析，最终形成相对理性的教学认知。

三、以学习者视角为放大镜，探究知识结构的科学性

有几个尴尬的问题，语文教师在写教学反思类文章时需要格外关注：学生为什么要学习课堂上讲授的那些内容？这些内容对学习者的成长有哪些积极作用？语文教师认为无比重要的那些知识或技能，除了应对考试，还有什么样的生活价值？被语文教师视作应试的不传之秘的那些经验、技能与方法，果真适应当下的测评标准吗？

教师在反思这些问题时，便是拿起了"学习者视角"这一放大镜，开始探究学科知识结构的合理性。

比如，明明是一节精心准备的课，课程目标设定精准，问题情境真实具体，教学流程完整规范，但实际教学效果不尽如人意。此时的反思便离不开学习者视角。因为，最完美的教学设计不一定就是最适宜的教学设计。教师视角下的完美，在学习者视角的放大镜下，则有可能会发现若干的不合时宜。

此种现象的成因并不复杂。以厨师和食客间的关系为例，厨师是国家顶级大厨，做出来的每一道菜都无可挑剔，食客中的一部分人却是只热衷于吃方便面和油炸鸡腿的孩童。面对此种特殊口味的食客，究竟是厨师放弃完美的制作手艺，只依照该类食客的口味日复一日煮方便面和制作油炸鸡腿，还是该类食客依照自己的口味自主购买？现实的答案很简单：厨师继续做自己的拿手菜，服务于更多喜爱此种口味的顾客；特殊的食客不选择这样的餐馆和厨师，自己到超市购买方便面，到相关店铺购买油炸鸡腿。

遗憾的是，教师和学生之间的关系不具备自由选择性。当教师的教学和学生的感知、应用形成冲突时，倘若教师依旧坚守自己的"做菜"风格，不考虑这群特定的、长期性的"食客"的接受与消化能力，纵使每日打造的都是最上乘的"满汉全席"，"食客"依旧会食而无味，进而营养不良，最终形成厌食。

如此，教师必须反思自身的课堂到底应该如何做：是坚守自身切合课程标准的目标、情境、任务、活动？还是依照学习者的学习兴趣、学习能力而调整目标，重设情境，另立任务，安排新的学习活动？

此两方面的反思，绝非简单的对或错能够回答。"满汉全席"固然存在着不看特定对象的弊端，"方便面"和"油炸鸡腿"也终究不属于健康食品。这便涉及教学反思写作中不得不探究的一个热点：教学固然需要贴近学情，学习也离不开引领和挑战。

围绕该热点观察教学现象并撰写教学反思时，需要紧扣"应该如此"四字展开探究。"应该如此"是对"事实如此"的理性解剖。此种解剖，从课程视角而言，就是解析并剥离教师的"满汉全席"中不适宜中学生身心发展需要的那些"菜品"，只保留少量的、科学的、被认定为"应该"的几道"菜"；从学习者视角而言，就是逐步扭转只能消化"方便面"和"油炸鸡腿"的"饮食"缺陷，在"厨师"和"菜品"的引导下，逐渐培养出"应该如此"的"饮食"能力，进而形成新的、适宜发展需要的"饮食"习惯。

很多年前，一位初中语文教师因为临近退休而被"照顾"改教初中历史。结果，她所带班级的考试成绩远超由历史专业本科生执教的其他班级。校方在探究原因时发现，这位语文教师教历史时，并未依照其他历史教师的教学重难点安排教学内容，也未采用其他历史教师的教学技法，而是组织学生将历史书上的内容通过故事、诗歌、谜语等语文活动方式呈现出来。这位语文教师的"历史科教学法"，可视作从学习者视角应对课堂教学的典范案例。很幸运的是，这位语文教师是我读小学四、五年级的授业恩师，后来又是我工作时的同事。我能够从学习者视角反思课堂教学，正是获益于她的启迪。

由上例可知，教师视角下认为无比重要的那些学科专业知识，对于成长中的学习者而言其实并不重要。就算其中有一些内容确实应该知晓，也需要借助适宜的路径和方法才能被接纳、被理解，最终转换为能力与素养。从学习者视角出发撰写教学反思类文章，必须认真审视教学者预设的知识结构的科学性。此处强调的"科学"，不是学科知识本身的"科学"，而是学习者身心发展的"科学"。

四、以研究者视角为显微镜，推敲课堂活动的实效性

与上述三种视角相比，研究者视角更多指向特定的教育教学理论和特定的教学评价标准。以研究者视角审视课堂教学时，需要融通学科教学中的"道"与"术"，既依托特定的教学理论对具体的课堂行为进行宏观解析，又借助于特定的教学评价量表对具体的课堂活动进行微观解剖。

比如，专业的课堂教学研究者往往依据特定的课堂观察量

表，搜集整理来自课堂中的各种数据，进而形成相对专业化的观察结论。这样的量表中，既有对教师提问的数量统计，又有对问题属性的分类统计；既有对课堂中学生发言人数的统计，又有对每一次发言用时的统计，还有对每一个学生发言质量的统计……

教学者撰写教学反思类文章时当然难以拥有此类数据，也未必需要借助这样的数据对每一次提问进行斟酌推敲。教学反思中的研究者视角，更多侧重于具体的教学目标、教学内容、教学技法之外的教学元素，更多关注课堂中围绕着师生互动形成的特定学习情境与氛围。反思者"回望"自己的课堂时，要暂时跳出"教学效果"的框架，只研究课堂中的师生互动时机是否恰当，问题是否具有开放性，是否激活了学习者的深度学习思维……对这些问题进行深度反思时，最好只针对一个具体问题做全方位的解析，避免头绪繁多带来的"浅尝辄止"。

从教师专业发展的有效性看，研究者视角下的反思或许更有利于发现问题、解决问题。一位教师如果每周撰写一篇教学反思，每篇教学反思集中研究一个具体的教学问题，则一个学期下来，便能够对课堂中的师生活动进行一次外科手术般的深度解析。当然，反思之后需要在实践中自我校正，亦需要在自我校正之后继续反思。经此实践、反思、再实践、再反思的持续循环，教学者对教学的认知与理解便一步步走向理性的深度与宽度。

撰写教学反思时，上述四大视角中最难拥有的是研究者视角。研究者视角不仅需要教师完全置身事外，而且需要教师有极强的自我解剖、自我否定、自我清空的勇气与魄力。此种类型的反思，不能敝帚自珍、孤芳自赏，不能依托感觉、经验或者权威言论，不能拘泥于具体的一个细节、一个问题，而是始终依托一个或者一套科学的、可量化的测评方案，用宏观理论与流程审视教学中的具体问题。该类型的反思中，课堂上发生的具体行为，不过是教学评价中的一个具体例证。反思这个例证的得与失，是为了验证该评价方案的科学性与合理性，然后将其更广泛地应用于整个学科教学领域。

至于教学反思中的章法结构问题，并无太大的探究价值。文有法而无定法，所有的教学反思必然建立在特定教学案例的基础之上，通过对案例中的相关问题进行解析，形成相应的评价和相应的主张，进而形成相应的流程与方法。这一点，与前文介绍的案例分析类文章的写法并无多少差异。

第 7 讲

教学论文的选题与立意

写教学论文时，相当数量的教师存在着不同程度的认知误区：有人热衷于"贴标签"，起笔先给自己的文章贴上"某某主义""某某理论"的"金字商标"，然后才阐释自己的观点；有人偏好于"引资料"，明明可以用自己的话语清晰表达，却偏要引用某个文化名人或某部经典论著的只言片语来表述；有人习惯于"自说自话"，只依凭自身的感性化思考便"下结论""教技法"；有人着力于论据材料的生动呈现，却忽视了"论"的广度与深度；有人"谋未定"而"先动"，缺乏完整性思考，写作时跟着感觉走，想到什么便写什么……凡此种种，都无法完成一篇高水准的教学论文。

真正意义的教学论文，应以真实性教学问题为研究对象、以"田野实验"为研究方法、以前瞻性理论为思维引领、以真实性教学实践成果为论据材料，能够体现鲜明的课改精神，能够在一定范围内拥有实际应用价值的学术成果。教学论文可以探究高深的教学理论，也可以解析具体的教学行为；可以立足当下的教学推知未来的教学，也可以基于未来的需要剖析当下教学中的问题。

要想写一篇具有一定水准、能够在期刊上正式发表的教学论文，仅从选题和立意两方面而言，应修炼好下述四项基本功。

一、培养"问题意识"，从教学实践中发现选题

如果说"问题"是教学论文的源头活水，是"它物"，那么"问题意识"就是教学论文的思维根基，是"己物"。一切教学论文，均为作者依托主观性的"问题意识"观察并研究教学中的各类"问题"时收获的文字化成果。"问题"与"问题意识"之间，前者属于普遍性存在，后者属于个体性表现，前者因为后者而形成价值。

比如，高中阶段的课堂普遍存在着课堂气氛相对沉闷的"问题"。对此，有人习以为常，将课堂活动变成专题微讲座；有人不断转换教学策略，总想探究出一条激活课堂的最佳路径；有人将其作为一个微课题进行专门性研究，从学习者、授课者和教学内容三方面探究原因，进而寻找可行性方法并将最终的收获用文字呈现出来。此三类人中，第一类教师缺乏"问题意识"，缺乏教学变革的动力，也就难以取得教学能力的突破；第二类教师拥有一定量的"问题意识"，但仅停留在感性层面，缺乏更深层面的归纳提炼，也就难以养成教学中的课程理性；第三类教师拥有极其强烈的"问题意识"，能从寻常现象中发

现隐藏的学理，教学与教研齐头并进、相辅相成，最终能够成长为学者型教师。

教师的"问题意识"从不会凭空产生，倘若寻根究底，无非"热爱"与"好奇"。热爱这个职业，想要将它经营成一份事业，便会想着发现它存在的问题，想着如何让它变得更加美好；对客观存在的问题心存好奇，便想着解开其中隐藏的各种秘密，在各种可能性中寻找并实践那些最有可能成为最佳方案的路径与方法。

时常有教师感慨："我也想写一篇教学论文，但不知道写什么。"形成此类感慨的最重要的因素，就是缺乏"问题意识"，其根源则可能是缺乏足够的"热爱"与"好奇"。缺乏"热爱"与"好奇"便不想深入探究摆在眼前的各种"问题"，不能根据"问题"中隐藏着的价值意义，在大脑中进行多视角、多层级的审视与解析。时间长了，自然也就"不知道写什么"。

倘若拥有强烈的"问题意识"，便能随时随地发现值得深入探讨的教学问题。例如，新课改倡导"以学科大概念为核心，使课程内容结构化，以主题为引领，使课程内容情境化"。面对该倡导时，不妨思考这样一些问题：如何才能建构适宜的学科大概念？如何利用学科大概念设定一个教学单元的结构化课程内容？如何将此种结构化的课程内容置入一个真实性问题情境之中？学科大概念和主题之间是一种什么样的关系？学科大概念应该用一种什么样的语法结构表述出来，才能真正带动特定教学单元的学习？现阶段流行的各类优质课中的学习情境真的具有学习价值吗？任务群学习的本质是什么？任务群学习与群文阅读之间是一种什么样的逻辑关系？单篇课文是否能够组织起任务群学习？整本书阅读教学如何让阅读真正发生？……这些问题，只要开展系统性研究，都能够支撑起一篇教学论文。

近五年间，我撰写了这样一些教学论文：《高中语文教学中的六大顽疾》《高中语文任务群教学的五点思考》《课程：走向语文教学理性的必由之桥》《阅读教学：从"生活价值"到"全局性理解"》《整本书阅读的教学表达》《问题：将整本书阅读引向思考最深处》《追寻"以大概念为核心"的高中语文单元结构化教学》《"回溯"与"前瞻"：语文阅读教学"问题"辨析》……由这些文章的标题可知，我的选题全部来自当下的课程改革，来自课改中已出现的若干问题。这些问题始终客观存在于我们的教学实践之中，我之所以能发现并将其写成教学论文，不过是因为我在长期的专业阅读、专业写作和专业反思中养成了相对敏锐的"问题意识"。当我发现了这些问题，并依照我的"问题意识"将其转换为具体的教学研究论题之后，余下的事，便是在专业阅读和教学实践中精心求证，直至形成教学论文。

二、关注课改热点，在专业阅读中寻觅灵感

由"热爱"与"好奇"滋养出的"问题意识"，理论上而言，应具有三个方面的特性：能动性、探索性和前瞻性。三者互为支撑，却又以"前瞻性"为核心。如果作者观点陈旧、视野逼仄，那么即使拥有了一定的能动性和探索性，也无法写出一篇高质

量的教学论文。比如，在语文领域已然对"用教材教"形成共识的认知背景下，某位作者还要充分发挥自身的能动性与探索性，写一篇详细阐释"教教材"相应技法的论文，则这样的论文大概不会被正式发表。

故而，教学论文的选题一定要体现出鲜明的"前瞻性"特征。"前瞻性"从何处来？路径不外乎两条：阅读，观摩。课堂教学中很难收获前瞻性的教学理念，要想了解课改新动向，发现课改新热点，就必须阅读专业书籍和专业期刊，必须走出校门参加专题性培训，必须观摩高规格的教学展示活动。两相比较，阅读更重要。

近些年，我受邀到多个省份开展教育写作主题讲座。在自由对话环节，总有教师提出类似的困惑：自己课余也写了一些文章，但不知道该往哪里投稿，偶尔投出去也没能发表，慢慢地也就不想写更不想投稿了。我的回答也很固定：你想要给某家期刊投稿，至少应该先将该期刊最近半年甚至一年间发表的文章浏览一遍，了解该期刊关注的热点是什么，需要什么样类型的文章，如果你都没有阅读过这个期刊，不了解对方近期重点探讨的是什么样的前瞻性问题，凭什么奢望编辑青睐你的文字？

通常情况下，高规格的专业期刊大体上能够与新思潮、新理念、新探索保持同步，专业书籍则具有一定的滞后性。专题性培训往往是对专业期刊或专业书籍上相关理念的个性化阐释，其认知必然又滞后于专业期刊和专业书籍呈现的主张。将某种具有前瞻性的理念应用到课堂教学之中，再借助专题性教学展示活动宣传推广，时间上当然更加滞后。

由此可见，确立教学论文的选题注定离不开专业阅读，尤其是对高规格的专业期刊的阅读。唯有专业阅读，才能将"问题意识"中的"前瞻性"落到实处，才能依托"前瞻性"论题开展富有针对性的学术研究，为"能动性""探索性"提供方向与目标。教学论文的写作者决不能"乃不知有汉，无论魏晋"，不能不了解外部世界的关注热点和既有的研究成果。

当然，"前瞻性"并不意味着盲目跟风。教学论文的"前瞻性"选题，不是为了推销热点性的名词概念，而是为了打通前瞻性理论和具体教学实践间的意义关联，用理论指导实践，用实践验证理论。因而，在富有"前瞻性"的"问题意识"的引领下，写作者需要对最新潮的主张展开深入探索，用真实的学习充当检测剂，既发现新理念的独特的意义和价值，又发现其在教学实践中可能出现的偏差，进而探究诊疗此类偏差的可行性方法。比如，我之所以确立"高中语文跨学科学习的误读与诊疗"这一教学论文选题，就是基于当下教学实践中出现的某些误读与偏差，试图解析其中的学理错误，同时建构适宜的高中语文跨学科学习的理想范式。

当下，各学段各学科的课程改革均进入了深水区。教师在摸石头过河的过程中，难免出现一些偏差。教育写作者可以试着去关注并探究这些问题，从中发现好的论文选题，然后结合自身教学实践开展"田野实验"，撰写教学论文。只要认知到位、实践到位，写出来的论文就有较大的成功率能够发表。

三、凸显认知理性，用常识与人性支撑意义

有了好的选题，等于为教学论文指明了一条通向成功的路。紧随其后的事，便是行走。

教学论文写作中的"行走"，至少可以分解为四个阶段：立意、构思、写作、修改。四个阶段循序渐进，环环相扣，缺一不可。

只从"立意"这一阶段看，需注意哪些写作要点，又需避免哪些写作误区呢？

第一，一切观点与主张，均应建立在常识的基础之上。如果某种立意和生活常识、成长规律形成了冲突，则此种立意极有可能是错误的。

例如，当我们需要将"整本书阅读教学法研究"这一选题细化为若干篇具体的教学论文时，该围绕此选题形成哪些立意呢？

依照由大到小、由主到次、由宏观到微观的逻辑次序，不妨对如下思考展开探究，进而形成契合认知常识的写作立意。

1.既然语文是一门课程，整本书阅读教学属于该课程中的一项教学内容，则整本书阅读必须拥有独特的课程属性。此种课程属性决定着整本书阅读教学决不能等同于自由阅读，不能缺乏必要的教学目标、任务和活动，不能缺乏合乎教学规律的检测与评价标准。基于此种思考可以形成的写作立意有：整本书阅读教学的课程表达，整本书阅读教学的目标设定原则，整本书阅读教学的课时任务分解，整本书阅读教学的有效性活动策略，整本书阅读教学的检测模式探究，整本书阅读教学的评

价属性探究……

2.整本书阅读教学的核心在于"读",但不同的读者阅读同一文本时,必然存在着阅读能力、阅读态度、阅读方式等多方面的差异,其最终获取的信息与感悟也就千差万别。如何才能借助于整本书阅读教学活动这一载体,让不爱阅读的学生爱上阅读,让浅阅读的学生学会深度阅读,让所有的学生都懂得在阅读中开展自主性对话,便成为整本书阅读教学中最需解决的难题。基于此种思考可以形成的立意有:问题,让整本书阅读走向深度的最佳抓手;整本书阅读教学中的驱动型任务;整本书阅读教学中的主体意识激活策略;整本书阅读教学中的对话技巧……

3.整本书阅读是一个漫长的过程,但整本书阅读教学则必然有特定的课时制约,那么,如何才能让学生在课余时间高质量地完成自主阅读任务,又如何有效建构自主阅读和课堂教学之间的有效链接呢?基于此种思考可以形成的立意有:任务导学清单,让阅读真正发生;阅读教学,既要知其然,又要知其所以然;课堂对话,整本书阅读走向深度的必然之路;教师在整本书阅读教学中的身份定位……

第二,一切教学行为的最终着力点,必然是学生的生命成长诉求。无论是教学理论阐释、教学技法探究,还是教学活动设计、教学现象剖析,都必须服务于学生的当下学习需要和终身发展需要。以此认知为教学论文的立意根本时,便需始终打通教学理论、教学实践和学生成长需求三者间的逻辑关联,并以人性发展的真实需要为评价标准。

比如，当我们确立了"任务群学习中的任务与活动"这一选题之后，如果从应试需要方面立意，则探究的重点便是各项具体应试能力的养成。从学生的当下升学需要和终身发展需要两方面立意，则探究的重点便是综合素养的提升。围绕综合素养提升这一宏观目标进行"任务群学习中的任务与活动"这一选题的具体教学论文写作时，可以形成如下立意：用任务群搭建素养提升的台阶；建构具有"生活价值"的任务群组；任务的本质，在于"用教材学"；任务前置，让自主学习真正发生；活动，任务之树的几片绿叶……

以此组立意中的任意一条写一篇教学论文时，阐释的核心内容都必然指向学习者的素养与能力。作者只有将每一个学生都视作拥有鲜明个性的"这一个"，在论文中充分探讨基于"人"的真实成长需要的各种学习能力，写出来的作品才能禁得住学理、常识和人性的三重检验。

四、展现教育情怀，对规则与生命常怀敬畏

尽管教育科研离不开"坐冷板凳"的精神，但教育科研成果以及表述教育科研成果的教学论文应该富有温度。此种温度，来自作者的教育情怀，来自作者对学生、对自身、对社会规则的敬畏。

从我自身的阅读感受与写作经验而言，我喜欢有温度的文字，不喜欢烦琐的考据和枯燥的数据，更不喜欢人为堆砌的各类理论和各类名人论述。我始终坚信，教育领域中的一切研究

都是为了更好地服务于学生的生命成长，更好地提升教师的教育生活品质。此目标下的一切行动也就注定了必须凝聚丰厚的教育情怀，必然充满对成长规律和生命样态的深度关切。作者写教学论文时在研究过程中投入了情感，收获了体验，感知了温度，为什么不用自己的话语将真实、真诚的思想表达出来，非要用一堆难以消化的物品做"冷包装"呢？

基于此种情感与思考，我在写教学论文时很少依托深奥的理论来确立选题和立意，而是始终扎根当下的教学实践和当下社会对人才的理性需求，用我的文字表达我的思考。比如，我针对"教师应该如何备课"这一选题，写出《目中有"人"：教师备课应有的价值追求》《备课是一种"激活"》；针对"生命教育"这一选题，写出《生命教育：点亮自我手中的蜡烛》《生命在场，文言教学的终极追求》《追寻"生命在场"的语文教学》；针对"语文学科教学与社会发展需要"这一选题，写出《语文教学中的学习文化建构》《语文教学应以学生成长为鹄的》《追寻适应时代的语文课堂》《还原语文教学的"育人"属性》《让语文成为跨时空的学习载体》……由这些教学论文的题目可以发现，我所研究与表达的，不过是教育领域中本应成为共识的基础性规则和基本教育情怀。我的写作目的很简单，就是要用我的文章传递出一种声音：教学离不开教育情怀的支撑，教育者必须对规则和生命心存敬畏。

当下，有些教学论文的立意存在一定偏差。一是盲目跟风，追热点却又不做深度研究，缺乏现实教学实验的支撑；二是目中无"人"，研究的方向和内容侧重于细节性的"术"，忽略了宏观性的"道"；三是缺乏温度，端着居高临下的架子，板起面孔说教，将自身的感悟凌驾于一线教师的认知之上。此三种偏差，致使有的文章看起来"高大上"，满篇尽是各种"高精尖"理论，却无法用来解决真实的教学问题。比如"学科大概念"的研究，洋洋数千言都在阐释"学科大概念"的前世今生，却给不出一个规范的大概念样本。有的文章深耕应试技能，深入钻研历年考题，找命题规律，找应试技巧，却并不探究这些内容与未来生活需要之间的能力关联。有的文章高高在上，通篇都在教育读者应该如何不应该如何，却没有把一线教学实践的真实案例作为论据材料。

　　此三类文章并非全无价值，只是从"育人"这一视角审视时，难以从其字里行间体验到作者的情怀与温度。同一个选题，从应试、技能、情怀三个角度观察研究，获取的结论必然存在差异。也就是说，从教育情怀的视角立意，创作出的教学论文才能体现教育工作者应有的教育情怀，呈现教育工作者的职业温度。

第 8 讲

教学论文的写作框架建构

写论文如同建楼房,离不开坚实的框架。框架建构存在瑕疵,便无质量保证,建的楼容易垮塌,于论文而言难以形成合理的言说逻辑,无法清晰地阐释学理。

影响楼房框架的因素很多,比如建筑材料的质量、施工者的能力等。其中最根本的一点,是最初的设计。起点处的设计出了问题,即使具体施工时使用了最好的材料和最优秀的施工者,依旧无法建成符合需要的楼房。

影响教学论文写作框架的因素也很多,比如作者自身的理论积淀、作者占有的写作素材、作者的思辨力和语言表达力,等等。其中最核心的一条,是作者的认知理性。教学论文写作中的认知理性,不但体现为微观和中观层面上的多视角观察、多层级探究、多路径阐释,而且体现为宏观层面上的课程意识、教学理念、教育情怀,体现为基于个体生命健康成长的价值发现、基于复杂性社会生活的综合素养、指向未来生活的专家思维方式。作者的认知理性有偏差，建构出的教学论文写作框架也就难免出现偏颇。

日常的教育写作中，如何才能建构适宜的教学论文写作框架呢？大体上可采用如下三种方法。

一、先确立写作主题，再搭建适宜框架

某日，听一位历史老师的课，内容是"合纵连横"。我的大脑中突然冒出了一个论文标题：语文教学需要"合纵连横"。有此想法后，便开始思考语文教学中"纵"与"横"的具体内容。

我首先想到，收录到语文教材中的那些古诗文，其作者距离当下已有千百年，而其文字中呈现的内容，又或许与作者亦有千百年的时空隔断，语文教学中的"合纵"，不就是要打通作品内容、作者创作意图和当下学习生活的关联，通过有效的教学活动，实现文本意义、作者意旨与学生学习价值的融会贯通吗？

其次想到，任意一篇课文中包含的知识信息，必然包含了过去已学、现在应学和将来才学三种类型。语文教学只有正确界定教学内容中隐藏着的过去已学、现在应学和将来才学这三类知识，才能聚焦学习重难点，避免重复学习或过度拓展，最大程度上落实语文学科的课程属性。

如此，这篇论文的两条"纵线"便确立下来，接着要做的就是寻找两条"横线"，与之组合成两纵两横的论述框架。我想，既然"纵"关注的是不同时间跨度上的内容差异，那么"横"

就需要立足于同一时间节点寻找需要打通的多种学习元素。基于此种思考，我想到了教学活动中的拓展迁移，又想到了学习内容与当下生活、文化的有机关联。

至此，这篇论文的写作框架便搭建而成。我给这两纵两横分别设定了"作者在场：让阅读成为对话""知识在场：让小溪汇成江河""能力在场：用拓展提升思维品质""情感在场：用生活丰富文本内涵"四个小标题，从四个角度探究语文学科教学中的具体问题。此文后来发表于《教学月刊》，题目就是《语文教学，需要"合纵连横"》。

此文发表后，我觉得该论题依旧有进一步挖掘的价值，便以《让语文成为跨时空的学习载体》为题写了另一篇论文。这篇论文中，我立足于更广阔的学科教学背景探究语文教学中的"纵"与"横"。"合纵"层面上，重点探究当下的应试需要和未来的终身发展需要的有机融合。"连横"层面上，则分别围绕"同一作者诸多作品的整合式专题阅读""语文学科知识体系和语文课程目标体系的双向同步建构""阅读能力与写作能力的交互式培养"三项内容进行解析。我用"提炼课堂，满足多重学习需要""整合文本，让作者走向立体""双体同构，告别少慢差费""读写同步，追求文本价值最大化"四个小标题，建构起该文的写作框架。

这两篇论文的写作，都采用了先立意、再搭建写作框架、最后分点论述的方法。因为在搭建框架时已思考明白需要论证的主要内容，具体阐释时就等于完成一道填空题，把该说的道理填写进去即可。

日常的教学生活中，很多老师也会在备课、授课、听课时脑中灵光一闪，发现一个问题，形成一种思考。如何将这样的思考最终凝聚成一篇教学论文呢？不妨采用此种方法，先把观点立起来，再调动自身的经验积淀，有意识地搭建论文中的几个分论点或者小标题。比如观摩一节示范课，对其中的教学情境设计产生了疑问，觉得此教学情境无法推动相应文本的学习，无法真正落实"用课文学"的课程目标，便可以形成这样的主张：情境创设，"用课文学"是根本。有此主张之后，再搭建具体的写作框架。比如可将该主张分解为"当下教学中情境创设的认知误区""真实性问题情境的课程要求""真实性问题情境中的任务群建构""真实情境中的学习思维开启"四个探究模块分项阐释。当然，你也可以形成与该四个探究模块完全不同的其他几种认知内容。

需要注意的是，要支撑起一篇教学论文，至少应该确立三个或三个以上的写作模块。如果形成的分论点或者小标题过少，文章也就最多只能构成一篇案例分析或者教学随笔。

二、先形成局部认知，再建构全局理解

某次校内公开课上，授课教师安排四名学生利用课前的几分钟将学案上面两道试题的答案分别写在黑板的四个角上。随后的课堂活动中，教师先用 15 分钟对相关考纲考点进行理论阐释，又用 10 分钟讲解了一道高考试题，然后才开始讲析这两道题目。教师先是要求四个学习小组，分别针对一名学生的答案

进行研究，找出答案中的不规范处，并依照高考评分标准给该题判分。后又要求各小组针对答题中的问题，分析形成错误的原因。最后，教师利用PPT展示"正确"答案，并对答案进行详细解读。

该老师对这两道试题的处理方式引发了我的思考：写在黑板上的答案，形成于尚未对该知识进行系统复习之前，体现的是学生未经训练的原始认知。这样的认知经验，只适宜用作教学的起点，用作组织教学内容时的有效参考，并不代表学生学习了这个知识后可能形成的认知局限。故而，以此板演内容作为诊疗问题的案例，便难免形成误判，不能真实检测出学生对本课时教学内容的理解和应用能力。

据此，我想到了此类教学内容安排上普遍存在的一种病症：成果展示多为课前完成，无法体现课堂学习中的思维发展。我便以"忌静态展示，宜动态生成"为标题，对此种教学行为进行解析。我认为此种病症的根源不在于课前板书试题答案，如果教师能够在讲授完相应的知识之后，先安排课前板书答案的四名学生再次走近黑板修订自己的答案，并让其阐述修订理由，再组织全班同学对修订前后的两个答案分别打分，则原本静态呈现的四个答案，便转化成了能够体现思维发展和教学效果的动态生成的内容。

当我针对这一病症进行深度解析之后，我发现选题比较单薄，不足以支撑起一篇完整的教学论文。于是，我将视线转移到该类型教学内容的常态化教学活动之中，从众多同行的日常教学中另外提炼一些共性化问题，用来建构相对完整的教学法认知体系。我先后概括出"忌概念堆叠，宜案例引领""忌断章取义，宜融会贯通""忌能力隔断，宜读写同行"三种主张，和"忌静态展示，宜动态生成"组合成一篇教学论文的"四根立柱"，共同支撑起《文学鉴赏题复习中的"忌"与"宜"》这篇教学论文。该论文后来发表于《中学语文》，并被《高中语文教与学》全文转载。

该篇论文的构思与写作，和《语文教学，需要"合纵连横"》完全不同。该文写作之初，仅仅是采用案例分析的方法，就事论事地探究特定的一节课上的一个特定的教学环节。之所以最终形成一篇五千余字的教学论文，是因为我在写作过程中触类旁通，试图从更大的视域探究学科教学中的共性化问题。此种写作技法，属于先有"点"后成"面"，先聚焦局部后放眼全局。

在我发表的 200 余篇教学论文中，有三分之一的文章采用此种技法创作。身处教学第一线，我们很难立足于高深的教学理论而长时间、综合性思考宏观教学问题，却可以在具体的实践活动中随时随地发现一些值得深入钻研的细节性问题。不要以为这些问题太小，只要善于将其围绕特定的主题组合成特定的微专题，便能够聚细流为河湖、聚零碎为整体，最终汇聚成具有一定指导价值的整体性认知。

当下，很多教师对写教学论文心存畏惧，总以为必须拥有高深的理论、必须先将相关问题全部思考明白，然后才能动笔。其实这样的想法适用于探究相对深奥的教学理论，写具有较强的理论引领价值的综合性论文，至于指向具体教学技法的文章则不必如此。研究具体教学技法的教学论文，目的在于提炼并阐释具体的、可复制的教学技法。此类技法的提炼与阐释，又必然依托教学实践中临时进行的体系化思考。有经验的写作者，只要善于充分利用工作中获取的某些碎片化信息，先展开局部性的探究，再进行全局性的解析，从感性化的教学行为中发现并建构理性化的教学认知，就不用担心写不出相应的教学论文。

三、先放飞思维触角，再分层级聚焦阐释

绝大多数的教学论文，在结构上呈现出鲜明的总分关系：先用数段文字对相关论题进行综合性论述，再围绕该论题分层级阐释，最后用有限的文字收拢提炼。此类论文的写作关键，在于作者对相应论题的探究广度和思考深度。

以近几年课程改革中的"任务群教学"论题的研究为例，当我们需要针对该论题展开研究时，如下问题便理应进入我们的思考范围。

1. "任务群"中的"任务"从哪里来？

2. 不同的"任务"依照何种规则组建成"群"？

3. "任务"与"群"之间孰为主次？

4. 如何在具体的教学活动中区分"任务"的层级和"群"的层级？

5. 不同层级的"群"中，如何进行课程目标的分解？

6. 任务群教学和既有的单元教学有何区别？

7. 群文阅读教学是任务群教学吗？

8.任务群教学和传统教学的最大差异是什么？

9.任务群教学对学习者核心素养的养成具有什么样的促进作用？

10.任务群教学一定需要若干文本结合在一起吗？单篇课文如何构建学习任务群？

……

这些问题，最初出现在我们的大脑中时往往是零碎的、交叉的、感性与理性混杂的。要想将其整理为一篇教学论文的写作框架，就需要对这些问题进行归纳整合，使其形成不同的认知层级。我将这些问题整合为由浅入深的五个认知层级，拟定了五个小标题："任务"的确立与"群"的建构、"大群"的价值定位与"小群"的目标分解、"互文性阅读"与"单元式教学"、"基于应试的任务"与"基于生命成长的任务"、单文本中的任务群建构。我由此写出了教学论文《高中语文任务群教学的五点思考》。这五个小标题及其具体的阐释内容中，第一层级侧重于"任务群"的概念解析，第二层级侧重于"任务群"在课程体系中的教学价值定位，第三层级侧重于"任务群"的学理分析，第四层级侧重于"任务群"的功能定位，第五层级侧重于解剖教师的认知困局。

面对同一论题时，不同的教师会从各自的教学经验出发形成不同的思考，但最终都会凝聚成不同认知层级上的理解与阐释。依旧以高中语文任务群教学的研究为例，在《高中语文任务群教学应做好关系梳理》一文中，海南的林豪英老师将自己的思考提炼为"处理好单元任务和整体任务的关系""处理好课内学习和课外训练的关系""处理好教师指导和学生执行的关系""处理好个体探究和集体研讨的关系""处理好自我评价和互动评价的关系",以此五点搭建起文章的写作框架。在《任务群教学要处理好几个关系》一文中,江苏的杨帆老师将自己的思考提炼为"情境设置的有与无""任务范围的大与小""任务设计的难与易""任务文本的紧与松"四个要点,以此搭建论文的写作框架。在《任务:学习任务群教学中的关键要素》一文中,江苏的袁圆老师分别围绕任务的形成、任务的载体、任务的落实和任务的评价四个层级展开探究,以"任务预设与学习目标:为何产生任务?""任务载体与学习情境:任务靠什么承载?""任务完成与学习活动:怎样完成任务?""任务评价与素养测评:如何评估学习目标的实现?"四个小标题建构起教学论文的写作框架。由这三篇论文的写作框架,可感受到作者对任务群教学的多层级思考。

现在,让我们做一个思维训练,以"整本书阅读教学"为论题拟制一个写作框架。

面对该论题时,我们的大脑中最初或许会出现这样一些问题。

1. 整本书应该如何阅读?

2. 学生在课余时间自由阅读一本书,同教师引导下的整本书阅读有哪些方面的差异?教学层面上的整本书阅读具有何种独特性?

3. 整本书阅读教学的课堂活动应该重点解决什么样的问题？

4. 用来阅读的整本书往往独立构成一个学习单元，它在整个课程体系中具有何种价值？

5. 教师在整本书阅读活动中拥有什么样的身份定位？

6. 不同学段不同年级的学生，阅读特定作品时如何体现出认知差异？

7. 通过整本书的阅读，应该达成什么样的阅读效能？

8. 如何检测和评价整本书阅读教学的成果？

……

上述思考是搭建以"整本书阅读教学"为论题的教学论文的写作基础。想到的问题越多，能够归纳提炼出的思维层级也就越多，对论题的认知也就越充分。

这些问题如何整理成不同层级的论述内容呢？

前三个问题指向整本书阅读的课程属性，需区分作为课程必要组件的整本书阅读教学和基于休闲式阅读的整本书阅读的差异。

第四个问题侧重于探究整本书阅读教学在学科课程体系中的价值定位。

第五个问题侧重于探究整本书阅读教学中教师的引领与开启功能，这是整本书阅读教学得以真正落实的关键。

第六个问题侧重于探究整本书阅读教学中的内容取舍与意义建构。该问题的探讨基础依旧是语文学科的课程标准。

最后两个问题指向整本书阅读教学的目标落实与效能检测，

这是从教学评价的视角解析整本书阅读教学中各种行为是否具备合理性。

有此五个层级的思考与探究，一篇教学论文的写作框架也就不难搭建了。我在《整本书阅读的教学表达》这篇论文中，就选择了"为何读""如何读""如何教"三个核心论题，以"为何读：体验、感悟与提纯""如何读：任务、方法与表达""如何教：设疑、激活与开启"三个层级九个小点搭建起文章的写作框架。

此三种方法，简而言之，可分别归结为"先抽象立意，再具体建模""先一枝独立，再合木成林""先散点漫思，再分级聚焦"。三种方法均针对教学论文的初写者。至于已经拥有了较强的教学论文写作能力、或者拥有了较为丰富的教学理论积淀的教学写作者，当然会在这三种技法之外，依照各自的思维逻辑形成各具特色的教学论文写作框架。毕竟，写作之道，有法可循却又从无定法。

第 9 讲

教学论文中的说理技巧

在确立了明晰的论点、占有了翔实的论据、搭建起合理的写作框架之后，教学论文的写作便进入到了具体的"施工"环节，即如何用读者接受的言说方式，把想要表达的道理有层次、有逻辑地阐释清楚。

此处所说的"读者"，严格意义上而言有两类，一类是从事教育教学研究的同行，另一类是期刊编辑。对于教学论文的写作者而言，论文写作的终极目的是为了总结并推广自身的研究成果，给同行提供相应的参考或启迪。只是，达成此目的的前提必须是文章发表出来。故而，期刊编辑反而是影响教学论文写作的最重要的"读者"。"读者接受的言说方式"首先是期刊编辑接受并认可的言说方式，其次才是业界同行理解并接纳的言说方式。二者理论上说应该保持一致，实际上却存在较大的差异。主要体现为越是权威的期刊，越关注教学论文的理论深度，"学院派"气息越浓厚，而基础教育阶段身处一线的绝大多数教师，却更关注可复制的、易于操作的"田野派"实践性教学技法，比如具体的教学流程，具体的文本解读，具体的教学技巧。

如此，教学论文的写作便貌似进入了一种"悖论"：顺应期刊编辑接受的言说方式，还是满足一线同行接纳的言说方式？从我自身的写作体验而言，我更主张基于一线同行接纳的言说方式而写作，毕竟他们才是文章的真正受众。至于期刊编辑这一特定读者，则不妨"区别性选择"，从众多的教学期刊中挑选与自身言说风格相近的那些刊物。

事实上，即使是注重理论深度的权威性期刊，也并不拒绝"田野派"的实践性研究成果，只要这些成果建立在翔实且持久的课改实践基础之上，并能够从感性经验中提炼出一定的共性化、理论化的观点、主张、策略和方法。教学论文关注应有的理论深度，却并非主张为了写作而人为堆砌各种学术理论，理论指导实践，理论也来源于实践。

教学论文写作中的说理技巧，其实就是将相应的教学理论和教学实践融为一体展开分析探究的言说技巧。

一、好的论据从哪里来

极少量的教学论文，会立足当下推定未来。绝大多数的教学论文，则是基于现实教育教学生活中的真实性研究，探究并归纳提炼某些规律性的教学问题，用以服务并引导当下的具体教学活动。写此类型的教学论文时，宏观理论论据固然重要，"田野实践"中积累的真实性数据、有代表性案例和科学性结论更是不可或缺。没有此四个方面的论据作为支撑，任何一种先进的教学构想都只能是空中楼阁。

要想占有并根据写作需要灵活运用这些论据材料，前提只能是阅读与实践。没有阅读，便无法知晓相应的教育教学理论，无法了解教育教学领域中的最新研究成果；没有实践，便无法获取真实的数据，无法借助有代表性的案例探究共性化问题，无法形成具有现实针对性与实践性的观点或主张。

需要强调的是，指向教学论文写作的专业化阅读，必须建立在尊重常识、敬畏规则、贴近真实性发展需要的基础之上。尊重常识，即所阅读的教育教学理论必须禁得住基本性常识的验证；敬畏规则，即所阅读的内容必须符合最基本的成长规则和发展规则；贴近真实性发展需要，即所研究的文字必须切合当下的教育教学主张。之所以要强调这三点，是因为总有一些教学写作者只依托于自身的感性经验和碎片化认知体验探讨教育教学问题，写出来的教学论文虽有理有据，却持论偏颇、不尊重教育规律，理念陈旧落后。举一个相对极端的例子：假设某个语文教师从未阅读过语文学科课程结构、学科大概念、大单元教学、任务群学习、真实性问题情境、跨学科学习等相关书籍或论文，则其写作的教学论文便只能停留在单篇作品教学的认知层面之上。纵使其形成的理论和探索出的具体教学技法均禁得住学理推敲，却无法适应当下语文教学的客观需要，无法满足语文学科核心素养的培养需要，也就违背了"贴近真实性发展需要"这一基本性要求。

由上例可知，教学论文写作中的宏观理论论据，必须具有针对性、普适性和前瞻性。所谓"针对"，即援引的理论论据必须和持有的论点吻合，能够有效证明论点的合理性；所谓"普适"，即引用的经典言论具有超越特定时代背景下的特定认知思维的特征，能够适用于阐释不同时代、不同语境下的同类型教育教学问题；所谓"前瞻"，即选用的理论论据至少与当下的课程改革主张保持一致，最好能够选择具有一定超前意识的最新教育教学理论成果。比如，当我们试图阐释语文学科大单元视域下的单篇文本教学技法时，就决不能将《普通高中语文课程标准》（2017年版）颁发之前的某些观点与主张引用过来充当理论论据。

实践性的论据材料，虽同样要求"尊重常识、敬畏规则、贴近真实性发展需要"，内涵上却有很大的差异。以"贴近真实性发展需要"为例，实践性的论据材料不但关注各项研究数据的真实性、案例的代表性和结论的科学性，而且关注获取这些数据、案例和结论的路径与方法，关注相关调查问卷、案例研究中的教学理性、教学情怀。也就是说，实践性论据材料所倡导的常识、规则和真实性发展需要，主要着眼于教育教学实践过程。具体而言，即依照常识和客观规律开展具体的教学探索，而非依照某种行政指令或功利性价值诉求开展教学活动。

例如，同样是采用教学论文的方式归纳提炼试卷分析中的理念、方法与技巧，有人致力于计算各种数据，通过对平均分、小题分、有效分数段等各种数字的精细化比对，探究熟练度在解题中的能效比，进而得出加大作业量、提升熟练度、增加能效比的结论。有人关注试卷中的思维层级，关注不同类型的题目对知识、能力和综合性素养的不同要求，进而研究如何加强课外阅读和社会实践活动。由此形成的两类同主题的教学论文，其立意中的眼界、情怀、价值取向均不可同日而语。由此可知，优秀的实践性论据材料，并非指向真实且具体的教学行为本身，而是指向代表着教育教学应该拥有的美好姿态的实践性探索活动。后者不但强调"真"，更强调"善"与"美"。

二、掌握一些必要的论证方法

解决了论据选择与储备的相关问题之后，教学论文的写作便进入到运用论据证明论点的阶段。议论文教学中，此阶段被称作"论证"。论证的本质是一种过程，一种综合运用多种论证方法阐释事理、探究原因、归纳方法、申述主张的立体化思维活动形式。

最常见的论证方法，非事实论证和理论论证莫属。比如下面这两段文字：

《一滴水经过丽江》是"非典型游记"，融合了童话、散文诗等文体表现方式，独特的表现手法也极具艺术魅力。同时，该文追求散文表现手法的创新，更体现出在场主义散文的基本特征。

在场主义散文主张"面向事物本身"，强调经验的直接性、无遮蔽性和敞开性，认为散文写作"在场"的唯一路径是介入，介入就是"去蔽""揭示"和"展现"。在场主义散文所主张的介入包括：对作家主体的介入，对当下现实的介入，对人类个体生存处境的介入。在场主义散文强调的是介入现实、关注当下、抵达本真。写丽江游记的作品多如牛毛，为何阿来的这一篇能够选为课文？原因在于阿来的在场精神。诸多作者秉持游客身份书写丽江，这种"过客"的视角往往同质化、浅表化，而阿来则是以主人的身份来亲近这片土地，选择一滴水经过丽江，是介入这方水土的最佳方式。

前一段文字中，课文《一滴水经过丽江》以事实论据的身份出现，却又不是直接引用课文中的原材料，而是对整个作品进行了最概括的归纳与提炼。故而，此种事实论据便属于"提纯"之后的事实，具有更强的针对性。后一段文字中，"在场主义散文"的特征与路径介绍属于理论论据，被用来解析《一滴水经过丽江》中的艺术特色，从原本只属于写景状物的感性化文字归结出理性化的认知，打通理论和具体事例间的学理关联。故而，此种理论论据也便属于"融通"之后的理论。

由这一案例及其简要分析可知，教学论文写作中的事实论证和理论论证，绝不是只提供一则具体的案例或一种特定的教学理论，而是要依照论题或者论点的表达需要，先对论据材料进行深加工，再运用加工过的论据验证或探究论点的合理性。

"因果分析论证"也是教学论文写作中广泛使用的论证方法。比如下面这个案例片段：

整本书阅读教学得以实现的前提，首先是教师的自主阅读，然后才是学生的自主阅读。

受知识积淀、生活阅历以及专业素养的影响，语文教师的自主阅读较之以学生的自主阅读，具有目标相对清晰、认知相对全面、理解相对深刻、评价相对理性等特点。因而，语文教师在引导学生进行整本书阅读之前，必须将自身沉浸到作品的文字海洋中，依托自身的文学素养和专业素养，发现并设计出各种不同类型的"问题"。一般而言，语文教师发现并设计出的"问题"，应区分为"自身和学生都能读懂，但信息相对零碎，需要重新整合加工的问题""自身拥有清晰的认知，但估计大多数学生难以理解的问题""自身有一定的阅读困惑，但借助各种评论性资料可以理解的问题""自身短时间内无法理解或者理解不透彻的问题"四大类。整本书阅读教学中，最后一类问题不宜引入课堂，第三类问题也需充分考虑学生的认知能力而有选择地应用于课堂。

学生的自主阅读，在未进行专业化训练时，必然体现出休闲式阅读的特性。大多数学生往往只会关注感兴趣的情节与人物，极少关注作品的思想、情感、审美趣味、艺术手法，更少有人会从专业研究的视角对作品中不同类型的内容进行筛选、整合、比较、解构。故而，学生在自主阅读中能够发现的"问题"，更多具备碎片化、非学术化的特征。语文教师在引导学生完成"整本书阅读任务清单"时，要善于带领学生逐步走向理性阅读，发现真问题，探究真问题，让问题成为理性阅读的出发点。

这三段文字中，第一段提出相应的主张，第二段和第三段分别针对该主张阐释原因。此种论证，无须具体事例支撑、也无须引入特定的教学理论，只需要立足事理本身的内在逻辑，将自身的理解一步步阐释清楚即可。

有些时候，为了将抽象的、复杂的事理解析清楚，还可以采用比喻论证。比如《后现代课程观》中就用跑道和跑步的关系来阐释课程，形象地呈现出一种新颖的课程观。课程不再是独立于学习者之外的教材和知识点，而是学习者运用教材提升素质的动态化学习过程。阐释相应的学理时，一则好的比喻论证胜过一堆的抽象理论阐释。

此外还有诸如"对比论证""类比论证""归纳论证""演绎论证""归谬论证"等各种论证技法，也都适合用来探究教学事理。这些论证技法在中学阶段的语文课上早已有过详细介绍，此处不再赘述。

三、如何构建论证的思维层级

确立了明晰的观点或主张、拥有了富有说服力的论据材料、积累了诸多的论证方法之后，论文写作只算是完成了最初的物质准备。真正意义上的教学论文写作，始于作者在大脑中开始构建自身的论证思维层级。教学论文中的思维层级就如生长中的一棵树的根系，层级越多，能够汲取到的养分便越多，也就越有利于朝向枝繁叶茂的方向发展。

在前文中，我介绍了多视角观察教育教学问题的常态化方法。建构论证的思维层级当然离不开这些视角，但决不能过度依赖多视角的观察探究，舍弃了同一视角下更多层级的价值认知。以最常见的新课导入技法研究为例，固然可以分别围绕教师视角、学生视角、课程视角、未来视角探究各种类型的导入技法的优劣得失，如果只从课程视角出发，深挖某一种新课导入技法与课程目标、课程任务、学习情境、真实性学习等学习要素间的学理关联，或许更有利于拓展对该问题研究的广度与深度。

建构论证的思维层级，通常采用三种方法：多视角并列展开，拓展思维认知的宽度；单视角递进展开，展示思维认知的深度；多视角交错式展开，融思维认知的广度和深度为一体。

比如，当我们试图以"真实性问题情境"的创设为论题写一篇教学论文时，采用第一种方法构思，便可以形成这样几个分论点：真实性问题情境，让"用课文教"成为必然；真实性问题情境，让"用教材学"拥有明确的抓手；真实性问题情境，让课程成为可感知的真实存在；真实性问题情境，为未来生活夯筑思维根基。此四个分论点，分别依托教师视角、学生视角、课程视角、未来视角而设定。

采用第二种方法构思时，则只需选定一个视角来纵深探究。以"课程视角"为例，可形成这样几个论证层级：情境因课程而存在，不同的课程需要不同的情境；情境创设存在着优劣之别，好的情境更有利于课程目标的落实；情境的价值在于创设场域，让学习真正发生；情境应契合学习者的认知力和理解力，能够激活学习者的学习兴趣。这四个层级的思考，由浅入深、由外而内，不但有利于阐释情境和课程间的学理联系，而且有利于从理论和实践两方面系统化探究真实性问题情境的创设的相关技能。

采用第三种方法构思时,便是打通上述两种方法,既注意不同视角下的横向分析,又关注同一视角下的深度挖掘。需要注意的是,多视角交错式分析论证某一教学问题时,一定要注意处理多视角、多层级间的详略关系。一般而言,多视角的分析,只适合详写一两个视角下的思考与发现,辅之以相应的多层级阐释。另外的两三个视角,略做阐释即可。毕竟,一篇教学论文永远无法解决所有教学问题,与其平均着力,不如把握最重要的一两个点说深说透。

四、如何增强语言的表现力

语言是思维的外壳,富有表现力的语言不但可以增强文章的气势和感染力,而且可以营造出环环相扣、层层推进的逻辑力量,推动事理阐释朝向深处广处不断前行。

教学论文中的语言,也存在着"学院派"和"田野派"的差异。"学院派"的语言,偏好使用相对陌生的名词概念,习惯引用;"田野派"的语言,偏好使用常态化的表述,更多依赖事实论据的客观呈现和事理的逐层分析。

比如下面这两个片段,就体现着两种不同的言语风格。

示例1:
基于学习主题的层级性来反观统整性和综合性,我们会更清楚层级性是后两种特性的基础，它们实际都源于学习主题自身的圈层结构。宏观、中观和微观三个层面构成了一个三环平行的同心圆，圆心指向引导学生学习国家通用语言文字的运用，全面发展语文核心素养，三环之间的互动就是课标、教材和教学的对话过程和转化机制……

示例2：

学习主题具有统整性，它是语文学习任务群教学之下的一个微课程形态，以特定的学习主题来整合具体的教学目标与内容、情境与活动、过程与方法、资源与评价，从而构成一个课程集合，学习主题涵盖人文性与语文要素；学习主题具有概括性，是任务群下一个单元、一个学段或一个课时的课程内容的概括表述；学习主题具有针对性，立足于学生的认知水平和心理特点，基于学生的经验，指向学生的最近发展区。

两段文字都是探讨"学习主题"的属性特征，前者概念众多，读起来拗口，相当数量的一线语文教师未必能够精准理解其中的学理。后者更多使用现实生活中的常态化语言，绝大多数语文教师能够知晓其观点主张。

从我自身的阅读偏好和写作偏好而言，更喜欢平实的、常态化的表达。平实不代表不讲究逻辑，常态化也不代表缺乏认知深度。我更喜欢那种立足于学理分析而逐层展开的文字，因为我始终认为，我读到的每一个字，背后都有一颗纯粹的灵魂。我写出来的每一个字，也应该彰显着我对真善美的全力追求。

下面两段文字的语言表达，代表着我对教学论文写作中语言运用的认知与实践：

一直以来，我们的文化背景中都存在着神化作者的错误倾向。善良的读者，习惯于以"文如其人"的标准来裁定作者的道德品质，再用这样的品德反过来推定他们作品的各种意义，于是，一些被我们称为"思想家"的作者，便被架空成了不食人间烟火、全无半点瑕疵的完美神灵。他们作品中的每一句话，也就成了绝对真理。这样的过分抬举，对于客观公正地阅读文章而言，百害而无一利。毕竟，任何一篇文章，都只能是特定背景、特定思想、特定心情的产物，不可能"放之四海而皆准"。

从"人的视角"探究作品的作者意义，就是要剥离这样的"神化"，只把作者当作和我们一样的普通人。而既然是普通人，在思考问题、发表见解时，利己的本性往往就会占据思维的主导性地位，先从自身利益的视角看待一切人与事。当然，作者的身份不同，他所呈现的利益也有大有小。比如，诸葛亮在《出师表》中表现的思想与情感，体现的就是以他为代表的一批蜀汉王朝老臣的共同心声。这样的心声，和以刘禅为代表的新生代势力之间，并不"同频共振"。阅读《出师表》时，如果无视两代人之间的思想矛盾，一味神化诸葛亮的一切言辞，就难免会误读了刘禅，真将刘禅当作"乐不思蜀"的傻瓜。

时常会有人说，写教学论文一定要有深度。深度当然必不可少，如果一篇教学论文中展示出的见解和认知不能超越一般读者的认知水准，不能给读者以思维启迪，则这样的文章便毫无价值。但也必须警惕，教学论文的深度来自思维的广度和深度，而非来自一些难懂的概念术语的堆砌。真正有深度的文章，未必需要借助他人的言论和思想进行外包装。从这一点而言，我主张"我手写我心"，用自己的言说方式，将自身多视角观察、多层级探究的所感所悟有逻辑地表达出来。

第二辑
课题研究的技巧

第 10 讲

如何选择适宜的研究项目

2024 年 1 月,江苏省中小学教学研究第十五期课题名录公布,我所在的扬州市共有 65 项课题被确立为省级课题,其中重点课题 14 项,立项课题 26 项,"义务教育学业质量监测研究(基于测试分析的跟进式改革研究)专项"课题 8 项,"基础教育课程教学管理改革研究专项"课题 17 项。

由此"名录"的分项可知,日常的课题申报与研究至少可以区分为普通课题和专项课题两大类型。一般情况下,专项课题大多为被动性选题,即先在省级课题规划部门提供的若干个专项研究项目中选择自身感兴趣的一个项目,再依照该项目的研究内容设定课题研究中的各项细节。普通课题大多为主动性选题,即教师依照自身的教育教学经验自由选择研究内容,再依照自身的认知能力设计课题研究全过程的各项内容。做专项课题研究如同完成一篇命题作文,做普通课题研究如同完成一篇生活随笔。两相比较,普通课题的教学针对性与实践灵活性更强，更有利于一线教师探究自身教育教学中迫切需要解决的现实性问题。

一、研究什么很重要

让我们先看一看扬州市顺利立项的这 65 项课题名称，了解一下其研究内容与现实的教育教学的关联。

（一）14 项重点课题

1. 核心素养背景下小学数学个性化联动作业设计与实践的研究
2. 以美育人理念下小学"音乐+"体验式教学研究
3. 小学数学"综合与实践"领域结构化教学研究
4. 指向学生创意实践素养培育的表现性评价研究
5. 初中语文大单元教学助学体系建构研究
6. 基于增值评价的初中数学单元作业整体设计研究
7. 系统思维视域下大概念统领的高中化学项目式学习实践研究
8. 基于数学理解的"表现性评价"设计与实践研究
9. 基于 OBE 理念的中学英语混合式教学实践研究
10. 小学语文跨学科美育实践策略研究
11. 结构化学习：大单元整合教学视阈下小学语文单元作业设计的实践研究

12. 高中语文大单元视域下单篇选文的任务定位与教学施策研究

13. 课程思政视域下融合中国元素的高中英语教学实践研究

14. 境脉视域下生物学单元作业设计的实践研究

（二）26项立项课题

15. 指向高阶思维的小学语文学历单开发研究

16. 基于"自治自动"的高中数学建模实践研究

17. 促进小学生个性生长的创意写作教学研究

18. 基于言语思维发展的高中语文作文教学策略研究

19. 基于"教学评一体化"设计的高中思政课大概念教学实践探索

20. 指向核心素养的初中物理生活化实验教学的实践研究

21. HPM视角下培养学生数学问题提出能力的实践与研究

22. 靶向思维下初中语文学习主题的构建与教学

23. 运动能力"3+1"结构化教学模式的实践研究

24. 基于初中化学学业质量标准的实验教学设计研究

25. 审美视域下初中语文"文学阅读与创意表达"学习任务群教学实践研究

26. 高中物理模型情境化教学应用的研究

27. 故事化表达：小学文言文教学素养化的实践研究

28. 大概念视角下小学数学单元教学实施路径的研究

29. 结构化视角下小学数学项目式作业设计与实施的研究

30. 指向言语思维发展的阅读教学实践研究

31. 生命教育渗透学科教学的实践路径研究

32. 指向核心概念的小学数学结构化教学实践研究

33. 结构化视野下学生量感培养的教学实践研究

34. 小学数学知识发现的方法论研究

35. 发展高中生物理实验素养的策略与实践研究

36. 学习任务群视域下"读写做融合"的初中语文教学

37. 小学英语语篇教学中培养文化意识的策略研究

38. 指向核心素养的历史学科关键能力培养策略研究

39. 指向表达的小学语文读写融通实践研究

40. 高中英语学习困难学生的心理指导研究

（三）8项"义务教育学业质量监测研究（基于测试分析的跟进式改革研究）专项"课题

41. 培养学生科学思维的 CER 循证式教学研究

42. 提升高中生综合素养的学科质量监测策略研究

43. 小学生数学学业质量的增值评价实践研究

44. 高中信息技术课堂教学循证诊断与精准促学提效研究

45. 新中考下初中化学复习教学重构研究

46. "三全"育人背景下小学教育质量监测的校本实践研究

47. 基于区域质量监测指向学科核心素养的数学教学目标续写设计研究

48. 利用初中物理"虚拟实验"促进初中生深度学习的校本课程实践研究

（四）17项"基础教育课程教学管理改革研究专项"课题

49. 指向教师思辨力提升的初高中语文学段融通多文本阅读市域实践研究

50. 促进幼儿道德习惯养成的食育课程深度开发研究

51. 优势视角下高中生涯教育课程的建构与实践

52. 幼儿主动成长的支持平台开发研究

53. 名师工作室跨域联动研训"引领力"策略研究

54. 主题文化涵泳中的小学生思辨性学习的实践研究

55. 新课程背景下小学数学教师课堂评价素养培养研究

56. 基于"单一案"的反思性学习对促进学生核心素养提升的实践研究

57. "爸爸来啦"服务幼儿成长的微课程开发

58. 行走课堂：指向深度体验的初中学科思政策略研究

59. 高中英语阅读教研共同体建设研究

60. 发展学生核心素养的初中高质量课堂教学实践研究

61. 基于协同思维的初中学科教研组建设

62. 基于农耕文化的小学劳动跨学科主题活动设计与实施研究——以二十四节气为例

63. 基于文化融合的新建幼儿园教学治理策略研究

64. 核心素养视域下学生积极心理建设研究

65. 基于本土资源的乡村主题劳动教育研究

为什么这些课题能够通过省级立项，更多的申报课题却无法通过评审呢？仅从这65项选题中便可发现端倪。

首先，绝大多数课题的题目呈现出较为鲜明的课改意识，彰显着课题研究者对当下课程改革的深度关注与积极探究。比如"核心素养背景下小学数学个性化联动作业设计与实践的研究"，它的着眼点是"个性化联动作业"，该选题既关注一直以来都在强调的个性化主题，又在此基础上向前一步，开始探究"个性化联动"这一新问题。由此课题名称便可推知，课题研究者显然是想要探究如何在较长的时间内既关注不同个性学生的作业差异，又关注同一名学生在不同时间段内的作业变化。此种动态性研究与核心素养的要求紧密相关，对实际教学具有较强的引领性与示范性。

再如"高中语文大单元视域下单篇选文的任务定位与教学施策研究"，其关注点是"大单元整体教学"与"单篇选文"的学习任务定位。此问题看似寻常，实则抓住了当下高中语文教学的"命门"。因为，当下的高中语文教学，半数以上的教师依旧沿袭着传统的"教教材"思维模式，极少有人能立足于"以学科大概念为核心，使课程内容结构化"这一课改理念，准确界定各素养单元内各具体文本的教学任务。更重要的是，自新一轮课程改革全面推进以来，语文界一直有相当数量的知名教师在各类媒体上发声反对大单元整体教学，认为大单元整体教学削弱了单篇文本的教学价值，不利于培养学生的深度鉴赏能力。基于这一现实背景，此课题的研究便在一定程度上具有匡正教学理念的价值。

其次，绝大多数课题的题目融理论探究与实践操作为一体，既有较强的现实针对性，又有较为鲜明的课改前瞻性，指向教育教学的未来发展需求。比如"课程思政视域下融合中国元素的高中英语教学实践研究"这一选题，课程主体是高中英语，探究点却是"课程思政""中国元素"。此种研究视角显然贴近了当今社会"文化自信"的宏大主题，将英语学科教学由单纯的语言学研究推向文化熏染的高度，不但关注知识与能力，而且关注价值取向与认知定位。

再如"指向教师思辨力提升的初高中语文学段融通多文本阅读市域实践研究"，作为"基础教育课程教学管理改革研究专项"课题，其着眼点不再是少部分教师的教学能力提升，而是全区域内所有教师的共同发展。此种发展，又聚焦于"教师思辨力提升"这一认知根本问题，重点探究跨学段的知识融通。此课题的研究内容融宏观层面市域教学改革整体性策略、中观层面初中高中两个学段的语文学科教学技法，以及微观层面的教师思辨力养成与提升为一体，一旦付诸实施，便可在一定程度上推动语文学科的教学变革。

最后，绝大多数课题的题目具有可掌控性和可操作性，与研究者自身的实际工作紧密相关，体现着教学与教研齐头并进的特征。比如"结构化学习：大单元整合教学视阈下小学语文单元作业设计的实践研究"这个课题，其研究项目"单元作业设计"原本就是每天工作中必须面对的内容，但将其放到当下的课程改革大背景之下，放到"双减"的办学诉求之下，就必须赋予其全新的形式与内容。如此，"单元作业设计"就必须置入"大单元整体教学"的课程语境之中，必须关注"课程内容结构化"这一语文要素。

至于"境脉视域下生物学单元作业设计的实践研究""指向高阶思维的小学语文学历单开发研究""故事化表达：小学文言文教学素养化的实践研究""基于农耕文化的小学劳动跨学科主题活动设计与实施研究——以二十四节气为例"等课题的题目，也都具备上述特性，每一个课题的选题都具有明晰的目标、路径与抓手，都体现着课题研究"大主题，小切口"的特色。

二、拟写一个适宜的课题题目

题目是课题申报书中最先引起关注的那双眼睛，透过这双眼睛，通常能够窥见申报人的当下教育教学认知水准。一个好的研究课题，必然需要一双顾盼生姿的明眸。

让我们先欣赏一组课题的"眼睛"，看看它们是否拥有"眉眼传情"的功能。

1. 普通高中课堂教学价值取向定位与实践研究
2. 县域农村薄弱初中"活力—探究型"课堂学习模式研究
3. 基于"主体实践性阅读"理念的"三度"语文研究与实践
4. 基于"三单"的整本书阅读教学实践研究
5. 通过课本剧提升学生深度解读高中语文教材故事性文本能力的研究与实践

6. 构建"扶困—励志—强能"三维立体式普通高中困难学生资助模式的研究

7. 高中语文主体实践性阅读模式研究

8. 以课本剧编写为载体,对高中语文课程资源深度开发的实践研究

9. 教师专业阅读方式研究

10. 大单元视域下多样态文本学习任务界定与结构化教学实践研究

这十个课题题目中,第一个题目采用的是"研究对象＋研究内容＋研究方法"的结构形式。其中,研究对象是"普通高中课堂教学",研究内容是"课堂教学价值取向",研究方法是"定位研究"和"实践研究"。如果该选题的研究者只是一个刚参加工作不久的新教师,则此课题便无法通过省级评审,因为其范围过于广泛,包括高中各门学科。这样的选题,一位普通教师,或者一所学校注定无法驾驭。事实上,此课题是江苏省教科所一位教授主持、全省 60 余家实验学校共同参与的教育部重点课题。这样的课题,选题角度宏阔,需要动用的资源众多,普通教师不宜采用。对于一线教师而言,将此课题题目分解成"普通高中语文课堂教学价值取向定位与实践研究""普通高中数学课堂教学价值取向定位与实践研究",便相对容易掌控。我作为核心成员参与此课题研究时,实际上就是主攻语文学科的教学价值定位以及语文学科的常态化教学流程设计等项目。

第二个题目也是采用"研究对象＋研究内容＋研究方法"

的结构形式。其中,研究内容是"'活力—探究型'课堂学习模式",研究方法是"模式建构与实践",研究对象是"县域农村薄弱初中"。由此题目可知,其研究主体一定是县级教育行政管理机构。因为这个课题的研究内容也必然需要分解到各具体学科。此课题是我参与的江苏省重点资助课题。

第三个题目采用的是"支撑理论+研究内容+研究方法"的结构形式。其中,"主体实践性理念"为支撑课题研究的理论依据,"三度语文教学体系的建构"是研究内容,研究方法是"理论探究与实践"。此课题是我主持的江苏省中小学教研课题,其得以立项的根由,或许在于我所确立的"丈量文本的宽度,营造课堂的温度,拓展思维的深度"的教学新主张,以及我践行20余年的"走进文本,走进作者,走进生活,走进文化,走进心灵"的课堂结构模式。单从题目拟制而言,没有多少借鉴价值。

第四个题目采用的是"研究手段+研究内容+研究方法"的结构形式。其中,研究的具体抓手是"三单",研究内容是"整本书阅读教学",研究方法是"实践研究"。"三单"即课前自主学习清单、课堂任务清单、课后拓展研究清单。该课题从"整本书阅读教学"的千头万绪中拎出"三单"这一个具体的抓手,重点研究"三单"的拟制、应用与检测。此课题是我参与主持的江苏省重点自筹课题。

第五个课题的研究内容是"学生深度解读高中语文教材故事性文本能力",研究方法是"实践研究",研究手段是"课本剧"。此课题也是我参与主持的江苏省重点自筹课题。从题目拟制质量而言，该课题题目如果修订为"基于课本剧拟写与表演的高中语文故事性文本教学策略与实践研究"，其针对性和可操作性会更强一些。

第六个课题的研究对象是"普通高中困难学生资助"，研究方法是"模式建构与应用"，研究内容是"'扶困—励志—强能'三维立体式模式"。此课题是我参与研究的江苏省教育规划专项课题。题目中的"扶困—励志—强能"，明确告知了此课题研究的三大视角。

第七至第九个课题，是我主持的三个扬州市级课题。所谓的市级课题，就是冲击省级课题失败后由市规划办立项的课题。这三个课题，从题目拟制上便可以发现瑕疵。其中，第七个课题的研究内容"主体实践性阅读模式"指向存在歧义，很难从题目中区分出"阅读"是指向学生的自主性文学作品阅读，还是课堂教学中教师引领下的阅读实践。第八个课题前后两部分内容不对等，前者范围过于狭窄，后者范围又过于宽泛。将这两者放在一起，很难开展体系化的教学实践探索。第九个课题关注面狭窄，"阅读方式"不足以支撑起一个省级规划课题的研究内容。

第十个课题在申报省级规划课题时铩羽而归。因为写本章节内容需要研究此课题题目时，才发现题目出现了一个大漏洞，竟然没有标注出研究内容的所属学科。也就是说，当课题评审专家面对该课题题目时，虽然可以从题目中发现研究对象、研究方法与路径以及研究内容，但其研究内容因为未能指出具体的学科属性，也就会被误以为是上面第一个课题类综合性大课题。前面说过，一线教师很难具体操作大课题，因而也就无法立项了。

由上述十个例子可知，要想拟制出一个适宜的课题题目，至少应该确保题目中具有三个方面的信息。这三方面的信息，可以是"研究对象＋研究内容＋研究方法"，也可以是"研究手段＋研究内容＋研究方法"，还可以是"支撑理论＋研究内容＋研究方法"，抑或是"支撑理论＋研究手段＋研究目的""研究对象＋具体做法＋研究目的""研究背景＋研究对象＋研究内容"等拟题形式。在三要素齐全的情况下，还要推敲各要素表达中的限制性内容，要为大论题设定小切口、小抓手，要限定学科或者类属。

有些课题的题目虽然也包含了这三方面的信息，却算不得适宜的题目。比较下面两个题目，就能够发现其中的差别：《提高中学作文批改有效性的策略研究》《提高中学生写作能力的策略研究》。前一个课题以"作文批改"为研究对象，后一个课题以"写作能力"为研究对象。前者切口小，更具操作性；后者选题过大，研究中反而缺少了具体的抓手。

如果将课题题目拟作《夯实写作基础，强化写作能力，全面提升中学生的写作能力》，则显然属于差命名。这样的题目只有研究对象，缺乏研究内容和研究方法，看起来更像是一句写在横幅上的宣传标语。

再看这两个课题题目：《以小组合作探究为基础的高中语文对话式学习的实践研究》《以跨学科学习为基础的高中语文对话式学习的实践研究》。两者在结构上完全相同，差异只体现为前者的研究内容强调小组合作探究，后者的研究内容强调跨学科学习。从课题研究价值而言，前者体现的是 2000 年开始实施的那轮课程改革的相关主张，后者体现的是 2017 年开始实施的本轮课程改革的相关主张。很显然，如果现在还以前者为课题题目申报省市课题，便丧失了研究价值。毕竟，这方面内容的研究成果早已汗牛充栋。后者则是一个全新的命题，大家都在探索之中。

三、必须注意的几个细节

下面这几个课题，来自中部某省一个老区县，拟申报省级规划课题。该县分管教学的副局长嘱咐我帮助他们分析一下可行性。我仅从题目命制上，给他们提出了一大堆修改意见。

以下是这一组课题题目：

1. 新课标视域下小学语文主题学习读写融合研究

2. "双减"背景下，小学语文作业设计的探索与研究

3. 小学生整本书阅读指导策略的实践研究

4. 小学语文阅读教学策略研究

5. 基于核心素养的小学语文写作教学策略研究

6. 小学数学在生活中的应用

7. 小学数学阅读能力培养研究

8. 小学数学大单元真实情境下的教学设计和实施策略

9. 指向核心素养的小学英语项目化教学研究

10. 基于主题意义的英语单元整体教学研究

11. 小学生劳动教育与家乡传统文化相结合的实践研究

12. 多学科融合视域下的劳动实践课程的构建与实施

13. 初中语文任务群教学的实践与探索

14. 基于教学评一致性的初中物理作业优化设计

15. 初中地理探究式学习活动的设计与实施

16. 构建初中高效课堂的实践研究

17. 基于区域文化的历史学科情境教学研究

18. 基于课程标准的中学地理分学段教学进阶研究

19. 基于项目化学习的单元整体教学实践研究

20. 基于大数据的教学评一体化教学模式研究

21. 运用书法教学提升学生专注力的实践研究

22. 中职班主任专业化学习共同体的建构与实践研究

23. 红色文化融入幼儿园户外体育游戏的实践研究

24. 幼儿教师专业化成长路径研究

25. 高效观课议课的实践探索

  以上一节文字结尾处所言的拟题三要素及其具体要求看这25个课题题目，可以发现其中大多存在着要素缺失、要素赘余或者要素游离等不足。比如"小学生整本书阅读指导策略的实践研究""小学语文阅读教学策略研究"类的题目，将研究内容设定为"指导策略"或"教学策略"，而非教学行为，这便容易招致教学研究中的"务虚"，催生教研与教学两张皮的怪病。"新课标视域下小学语文主题学习读写融合研究""小学生劳动教育与家乡传统文化相结合的实践研究"类的题目，研究内容游离，没弄清楚到底是要研究"主题学习"还是"读写融合"，是要研究"劳动教育"还是"家乡传统文化"。

相比较而言，"多学科融合视域下的劳动实践课程的构建与实施""基于课程标准的中学地理分学段教学进阶研究""基于大数据的教学评一体化教学模式研究""红色文化融入幼儿园户外体育游戏的实践研究"类的题目，不但拟题要素清晰，范围设定精准，而且具有较强的现实针对性和课改前瞻性，其研究内容彰显着未来教育的发展需求。这类型的课题送往省里参评时，立项的可能性就很大。

由这一组课题的题目可以发现，要想从现实教育教学的千头万绪之中选择适宜的教研内容，再依照拟题的应有规则设定一个精当的课题题目，然后据此而构设一份完整的课题申报方案，绝非一件易事。其间的若干个细节，有一处出现疏漏，就可能前功尽弃。

那么，哪些细节必须充分关注呢？概括起来共有八点。

其一，课题研究需从自身的认知力出发，着力探究既影响现实的教育教学、又具有一定前瞻价值的中观问题或者微观问题。

其二，课题的研究对象要有明晰的载体，能落实到具体的教学行动之中，切勿大而化之。

其三，拟写课题题目时，要确保要素齐全，且各要素均拥有明确的指向性和可操作性。

其四，确立课题的研究方法时，应尽量少做策略研究，更多关注路径研究、方法研究和行动研究。不是说策略研究不重要，而是因为策略研究的主体更多偏向于教育主管部门或者教育科研机构。一线教师应将更多的注意力投放到日常教学的行为、路径与方法探究之上。

其五，即使想要建构特定学段的完整性研究项目，也应该先将其细化为各具体学年、具体学期、具体单元等子项目，分点突破，夯实抓牢。

其六，试图探究课堂教学中的多方面问题时，不要将多个问题纳入同一个课题中，更不能将多个概念纳入同一个课题题目中。问题和概念多了，便难以理顺其间的逻辑关系，致使课题题目看起来逻辑混乱。

其七，拟制的课题题目，不妨先请懂行的人帮忙推敲斟酌，然后加工润色。既然课题题目是课题的眼睛，便要让它呈现出应有的美。

其八，特色与亮色，是决定课题立项的关键性因素。特色讲究理论的超前性和内容的情境化，亮色讲究对象的独特性和研究的精巧性。

注意了这八个方面的细节，准备开展研究的相关课题才有可能进入评审专家的法眼，成为省级立项课题。

第 11 讲

如何填写一份完整的课题申报书

当我们确立了课题研究的方向、目标、内容以及方法之后，理论上而言，便可以开展具体的研究活动。但在现实的教育情境下，自主研究的课题只要没有通过省市县三级教科研机构的立项，便算不上体制认可的课题，便不能在骨干晋级、职称评定以及其他相关考核评优中成为加分项。

身处教学一线，我们当然不能只关注考核评优，但如果可以让课题研究既服务于现实的教学需要，又服务于职称评审和晋级获奖的荣誉需要，又何乐而不为呢？如此，一线教师就难免要将自己的研究内容转换为课题申报书上的相关文字。

课题申报书容易填写吗？看起来每一个项目都有明确的填写要求，实际操作时，很多人还是会出现详略不当、主次不分等问题。我在担任课题开题或结题评委的十多年中，无数次遇到过这类问题。

下面，让我们以江苏省教育规划课题《申报评审书》为例，对相关填写项目进行逐项解读。

一、省级规划课题申报书的项目构成

或许，各省区市的规划课题申报书在板块设置的名称与位次上存在差异，但总体而言终究离不开几个关键板块。比如江苏省规划办的"十四五"课题申报书，就设定了八个页面。

页面1为申报书封面页，含三部分内容。上部为申报书名称——"江苏省教育科学'十四五'规划课题申报评审书"；中部为申报人需要填写的相关信息，依次为课题名称、研究方向与范围、课题主持人、所在单位和申报日期；下部注明表格印制单位——江苏省教育科学规划领导小组办公室制。

页面2是填报说明，共五项内容，分别是：

1. 江苏省教育科学"十四五"规划重大课题、专项课题以外的课题申报者填写本《申报评审书》和《申报评审活页》。

2. 封面左上角"编号"栏，所有申报者均无须填写，评审时由省教育科学规划领导小组办公室填写。

3. "研究方向与范围"栏按《江苏省教育科学"十四五"发展规划要点》第五部分"重大课题与研究领域"之二"重点研究方向"中的分类填写，如申报基础教育"依法治教研究"类课题就在此栏填写"基础教育1"，申报职成教育、高等教育课题以此类推，申报自选课题者则在此栏填写"自选课题"。如确实有必要，"课题主持人"可以填两人。

4."江苏省教育科学'十三五'规划课题完成情况"分以下几种：A. 主持并已结题；B. 主持但未结题；C. 参与研究；D. 未参与研究。申报者只须在"江苏省教育科学'十三五'规划课题完成情况"栏填上序号"A、B、C、D"即可。"其它教育科研课题完成情况"栏须如实填写主持或参与研究的一至二项课题名称、课题级别及完成情况，未参与任何课题研究者如实填写"未参与"。

5.《申报评审书》中"课题研究设计与论证报告"和《申报评审活页》总字数不宜超过5000字，各栏目空间填写时可根据实际需要调节。

页面3是课题《申报评审书》的第一板块，为"课题研究人员基本信息"。表中可以填写两位主持人的相关信息，如果确实有两个人共同主持，便依照课题研究中承担任务的主次关系分列为第一主持人和第二主持人。如果没有第二主持人，则可以空着不填。课题组核心成员限填10人，也并非一定要填满10人，而是根据课题组的实际情况如实填写。需要注意的是，此处的10个人需注意排序。很多评审项目（比如正高级教师评审）通常只认可前五名成员，也有一些评审项目，排名每递减一个，相应的分数也减少1分。至于课题主持人如何给自己的课题组核心成员排序，我以为不应该看私交，而是要侧重于其在课题研究中承担的任务和取得的成绩。比如甲教师在课题申报时积极性很高，分配给他的研究任务也最重，便可以将其排在第一位。但真正开展研究之后，甲教师懈怠于完成相应任务，也未取得相应的研究成果,则最终申请结题时,就可以将其位次调整到最后。

页面4是课题《申报评审书》的第二板块"课题研究设计与论证报告"。由此页至页面7,共需填写七个模块的内容。其中,模块一是"课题的核心概念及其界定"。这是课题研究的第一个要点内容,也是比较容易出现问题的疑难性内容。因为很多初次接触课题申报的教师,不知道自己课题中的关键词有几个,更不清楚如何阐释和界定这些关键词。这方面的内容,下一讲将做具体解析,此处不再阐释。

模块二是"国内外同一研究领域现状与研究的价值"。从我的认知经验而言,此项内容的价值主要体现为知己知彼,避免研究内容的"撞车"。一般而言,一线教师应更多关注国内基础教育领域同行已经取得的研究成果。至于国外的研究状况,尤其是国外的理论突破,更多属于高校教授的研究范围。高等学校的科研课题中,就有专门的文献来研究。此处需填入的内容,可借助"中国知网"检索阅读之后有选择地填写。

模块三是"研究的目标、内容(或子课题设计)与重点"。这一模块是填表时问题的高发区,相当数量的课题研究新手不能将课题内容细化为不同视角、不同层级的子课题或子项目,只用笼统性话语概述其研究内容,致使整个申报表最该突出的细节性问题未得到充分展示。

模块四是"研究的思路、过程与方法"。此项内容无须详细展开,依照预想的内容简要概述即可。

模块五是"主要观点与可能的创新之处",这是课题申报书中最需留意的要点信息处。如果说前面的所有内容都是在创作一部数十集的电视连续剧，则此模块就是要将这部"连续剧"中最核心的信息提炼出来，把它拍成一个两小时的电影。此处需要呈现的，绝对是精华中的精华。对"可能的创新之处"的分析，也要切中肯綮，既要关注当下的教学需要，也要关注未来的教学发展需要和课程变革需要，更要关注未来社会对于教育的全面性需求。

模块六是"预期研究成果"。一般而言，阶段性成果往往体现为论文、调查数据、开展有影响力的活动等。最终成果大多体现为形成完整的课题研究报告，发表相应的研究论文或专著，在一定区域内推广并应用课题研究成果等。需要强调的是，一项省级课题的研究，固然需要在实际教学中探索并形成诸多有价值的经验，也需要将这些经验上升为必要的教育教学理论，需要以论文的方式提炼并阐释课题的研究内容。我有一个同事，就因为其课题研究未能发表相应的论文，课题便始终无法结题。

模块七是"完成研究任务的可行性分析"。包括：①主持人除外的课题组核心成员的学术或学科背景、研究经历、研究能力、研究成果；②研究基础，包括围绕本课题所开展的文献搜集、调研和相关论文等；③完成研究任务的保障条件，包括研究资料的获得、研究经费的筹措、研究时间的保障等。此模块内容填写时没有任何技术含量，只需依照其三个小项目的详细内容逐项填写即可。

页面8包含了《申报评审书》的三、四、五板块，分别是单位意见、管理部门意见和省规划办意见。这三个板块的内容，无须课题申报人填写。

二、《申报评审书》填写中的四大要点

既然课题《申报评审书》的填报说明中已明确规定第二板块的总字数不宜超过 5000 字，申报者就必须合理设定第二板块七个模块的字数占比，将有限的空间最大限度呈现课题申报中的重点信息和亮点内容。

依照我的经验，七个模块的字数可按如下安排。

序号	模块名称	字数	理由
1	课题的核心概念及其界定	约 300 字	概念阐释应简明扼要，用语规范。
2	国内外同一研究领域现状与研究的价值	约 800 字	现状陈述不宜过多，突出重点即可，约 500 字；研究价值要注意多个视角表达，约 300 字。
3	研究的目标、内容（或子课题设计）与重点	约 1800 字	目标要注意多视角与多层级化，约 200 字；内容要细化，体现出研究的宽度、深度与精度，这是整个课题的核心，需充分展开，约 1500 字；重点已包含在内容陈述之中，约 100 字强化即可。
4	研究的思路、过程与方法	约 300 字	这一块的内容较为抽象，概述即可。

续表

序号	模块名称	字数	理由
5	主要观点与可能的创新之处	约1000字	主要观点不宜太多，可提炼出四五点，每点80字左右；可能的创新之处需细化，将亮点彰显出来，也可以用四五个点进行分列，每点约100字。
6	预期研究成果	约400字	简要罗列，不必阐释。
7	完成研究任务的可行性分析	约400字	简要陈述多方面理由，不必过多介绍人员的身份头衔。

相当数量的课题申报者在填写课题《申报评审书》时，未能合理区分申报评审表中七个模块内容的主次关系。其中，最不应该出现的问题，就是用接近一半的文字阐释国内外研究现状，却在研究内容的介绍上只用100余字便一带而过。这样的课题又如何能够通过评审呢？

填写一份课题《申报评审书》时，申报者最应该思考的是下面四个问题。

第一，我的课题有几个核心概念，它们分别具有什么样的特征，彼此间又存在什么样的逻辑关系？

第二，我预设的研究应指向哪几个方向，目标分别是什么？我的研究项目如果属于宏观层面的教学问题，则该问题可以细分为哪些中观层面的教学问题，每一个中观层面的教学问题，又可以细分为哪些微观层面的教学细节？

第三，在对上述中观问题、微观问题的研究中，我探究的重点内容是什么？我是基于什么样的教育教学理论和什么样的教育教学实际而进行此方面的研究？我想要形成什么样的研究成果？

第四，我的研究与已经检索到的国内外同主题的研究相比，具有什么样的独创性？

此四个方面的问题，构成课题申报的核心内容。

上面所进行的分析，只是以江苏省教育规划课题的《申报评审书》模板内容为例。各省教育规划课题管理机构命制的表格，在格式和项目表述上可能各具特色，但四大要素都不会缺失。

另外，即使是江苏省的课题申报评审，中小学教学研究课题所用的《申报评审书》，与教育规划课题的《申报评审书》相比，也存在一定的格式差异，但四大要素也都齐全。

第 12 讲

如何阐释核心概念

无论采用什么样的课题命名方式,最终形成的课题题目中都必然包含若干数量的概念。课题研究与申报的第一步,就是要精准阐释这些概念,合理界定不同概念间的学理关联。

然而,并非所有的课题申报者都能够准确辨析课题题目中的核心概念。为数甚多的课题申报人仅仅是将题目中的多个名词当作核心概念,未能从语法和逻辑的角度,思考并阐释由不同层级词汇构建起来的复杂短语的语义变化,致使呈现出的核心概念彼此孤立,无法真正体现课题研究的丰富内涵。

下面这段文字,在阐释"课堂教学中有效提问的策略研究"这一课题的核心概念时,就存在这样的病症。

《现代汉语词典》对"有效"的解释是"能实现预期目的;有效果"。所谓有效果,主要指通过教师在课堂上的教学提问,学生获得了具体进步。有效提问是指提出的问题能使人产生一种怀疑、困惑、焦虑、探索的心理状态，这种心理又驱使个体产生积极思维，不断提出问题和解决问题。有效课堂提问是指教师在精心预设问题的基础上，在教学中创设良好的问题情境，有计划、有针对性、有启发性地提问，积极引导学生主动思考和参与对话，全面实现预期教学目标，并对提问内容及时反思与实践的过程。

此示例中，申报人因为未能正确理解所拟课题题目的语法结构，未能合理理顺多个概念间的意义关联，其呈现出的"核心概念"便出现了偏差，不但丢漏了"策略研究"这一重要概念，而且未能合理界定"有效提问"与"有效提问的策略"的外延以及内涵差异，更未能进一步压缩概念的外延，准确阐释"课堂教学中有效提问的策略"这一复杂概念。

事实上，从语言学视角而言，此题目整体上属于名词性偏正短语，其中心语是"策略研究"，"课堂教学中有效提问"属于该中心语的定语。而作为定语的"课堂教学中有效提问"，又属于动词性偏正短语，其构成可分解为中心语"有效提问"和状语"课堂教学中"两个部分。

对于该课题核心概念的界定，应关注哪些词汇与短语呢？"课堂教学"属于常规性概念，其意义与范围人人皆知，可不做阐释。"有效提问"虽人人皆可言之，但每个人心中的"有效"却千差万别，甚至可能相反相悖，故而此概念必须详细解析。"策略研究"与"实践研究""行动研究""方法研究"存在着明确的路径差异，也必须在概念界定时予以精准阐释。

在此三个基础性概念之外，还要界定"课堂教学中有效提问"这一短语。因为，"课堂教学中有效提问"是迥异于"日常生活中有效提问"的特殊提问形态，具有教育学意义上的独特内涵。只有将这个短语的内涵解析清楚，后期的课题研究才有明晰抓手。

由此示例的分析可知，要在课题申报评审表上精准界定相关核心概念，绝非一件轻而易举之事。完成此项任务，需从四个方面入手。

一、依据课题结构，精确选择核心概念

第 10 讲内容列举了课题题目的不同结构类型。界定核心概念时，课题题目的结构要素不同，形成的核心概念也就不同。

由"研究对象 + 研究内容 + 研究方法"三方面概念构成的课题题目，界定其核心概念时往往采用"3+1"的方式，即先分别对三个独立概念进行界定，然后将研究对象与研究内容合并为一个短语进行综合界定。例如"高三数学复习课教学中的变式思维力培养实践研究"这个课题题目，其核心概念就应该包括"高三数学复习课教学""变式思维力""变式思维力培养实践""高三数学复习课教学中的变式思维力培养实践"四项信息。

由"研究手段 + 研究内容 + 研究方法"三方面信息构成的课题题目，界定其核心概念，同样是"3+1"的方式。如"基于'三单'的整本书阅读教学实践研究"，其核心概念就分别是"三单""整本书阅读""整本书阅读教学""基于'三单'

的整本书阅读教学实践"。当多个概念组合成一个复杂短语时，其形成的概念意义绝非这些概念的独立意义的简单累加，而是生成一种全新的意义。

由"支撑理论＋研究内容＋研究方法"三方面信息构成的课题题目，界定其核心概念时存在一定的难度。因为用来支撑课题研究的理论往往拥有一整套的认知主张，而课题研究不过是从其理论的浩瀚大海中"取一瓢饮"，如此，这就既需要注意表述的精准化，也要注意诠释该理论和课题研究间的学理关系。至于"研究内容""研究方法"的概念诠释，将其特征阐释清楚即可。此种命题结构形式下的核心概念界定，可只关注这三点，也可增加对特定理论支撑下的具体研究内容的内涵界定。比如"基于OBE理念的中学英语混合式教学实践研究"这个课题题目，其核心概念就可以只体现为"OBE理念""混合式教学实践研究""中学英语混合式教学实践研究"三项，也可以增加"OBE理念的中学英语混合式教学"这一概念。

由"支撑理论＋研究手段＋研究目的""研究对象＋具体做法＋研究目的""研究背景＋研究对象＋研究内容"等方式拟写的课题题目，界定核心概念时方法大体一致，不再赘述。

有些课题申报者从一个课题题目中分解出六七个核心概念，这样的行为不可取。各个都是核心概念，也就各个都不是核心概念了。比如下面这个例子。

1. 课程文化：是按照现代社会的时代要求和学生发展的特点，对现代社会文化的选择、整理和提炼而形成的一种课程观念和课程活动形态。狭义的课程文化主要指教材文化,宽泛的课程文化所指的课程包括学生在学校情景中获得一切经验的过程。这里的"课程文化"指的是"宽泛的课程文化"。

2. 课程资源:通常指为保证教育正常进行而使用的人力、物力、财力的总和,教育的历史经验或有关教育信息资料。广义的课程资源指有利于实现课程目标的各种因素,如生态环境、人文景观、国际互联网络、教师的知识等;狭义的课程资源仅指形成课程的直接因素来源,比如教科书、学科知识等。这里的"课程资源"指的是"广义的课程资源"。

3. 教学资源:是形成教学要素及实施教学活动的各种条件的总和。主要包括教学过程中的各种硬件及软件。从来源可分为来自校内的、社会的和家庭的三方面教学资源。从存在的形式可分为物质和精神文化产品两方面教学资源。

4. 有效:《现代汉语词典》的解释是"能实现预期目的;有效果"。

5. 开发使用:发现或发掘课程文化建设中有效的教学资源,供高中思想政治课教学利用,为高中思想政治课教学服务。

6. 建设和研究:按照现代社会的时代要求和学生身心发展特点构建课程文化,开发使用有效教学资源,凸显高中思想政治课教学的特色。

依照这些"核心概念",你能推测出这位老师想要申报的课题题目是什么吗?从研究内容上看,既像是试图探讨课程文化的有效建设,又像是要研究课程资源的有效开发与使用,还让人感觉似乎准备辨析课程文化、课程资源和教学资源间的关系。从研究方法上看，也难以区分其是侧重于资源的开发使用，还是侧重于资源建设，或者是侧重于资源的分析研究。

事实上，这位老师拟写的课题题目是"高中思想政治课文化建设中有效教学资源开发使用研究"。这个题目属于"研究对象+研究内容+研究方法"的结构方式，其核心概念应该是"高中思想政治课文化建设""有效教学资源""有效教学资源开发使用""高中思想政治课文化建设中有效教学资源开发使用"。

下面这个例子，是我对"基于'主体实践性阅读'理念的'三度'语文研究与实践"这一课题核心概念的界定，可供参考。

主体实践性阅读：是指在语文阅读教学中通过教师的桥梁作用而构建起来的一种学生与文本"直接对话"的阅读形式。它要求学生在日常的阅读中，能够充分调动起自身的生活积累和文化积淀，并将其一起带入到文本阅读中去，用自己的心灵感受文本的本真意义，体味作者创作时的真情实感，并将自身的生活放置到文本生活中去比较，从文本中读出自身的生活价值和生命价值。

"三度"语文：三度，即课堂的温度、宽度与深度。"三度"语文，即以追求语文教学的宽度、温度和深度为目的的语文教学模式。

"三度"语文研究与实践：该模式体现在具体的每一节课的教学实践上，就是首先要准确丈量好每一篇课文在教材中应该承载的教学任务，还课文以教材的属性特征；再依照课文的课程学习目标，通过"走进文本—走进作者—走进生活—走进文化—走进心灵"的教学流程，组织起有序的课堂活动，使语文学习在明确的目标指引下，借助学生这一主体间的自主、合作与探究，营造出语文应有的温度。此外，依照学生的"最近发展区"的需要，在备课时努力钻研教材，在紧扣课程目标组织教学活动时，尽量引导学生走向文本的内核，发现文本的深处意义，提升积极的思维能力。

二、立足本质特征，合理阐释概念内涵

有些课题申报者在界定课题核心概念时，将表述的重心落在概念的价值意义上，而非阐释其本质特征，这样的概念界定便丧失了应有价值，难以真正服务于后期的课题研究。比如下面这个例子：

高中历史教学不仅是简单地教授学生"是什么"的问题，而且是在更大程度上、更高层次上引导学生在了解"是什么"的基础上，去理解"为什么"，并在这两者的基础上形成一系列规律性的认识。第一层面的教学难度较小，第二层面大多数问题也不太难解决，其中少数问题和第三层面问题要较好地解决则相当困难，在某种意义上说要完美地、以艺术的方式解决它们，则需创设"另类问题"的情境来迂回解决。即创设与学生认知结构、知识背景相匹配的"另类问题"情境，进而让学生在"另类问题"的情境中较为轻松和谐地领会教师的用心，

然后悟出所要解决难点问题的真谛。拟通过本课题的研究，在一定程度上丰富历史教学方法论和历史教育艺术论，拓展历史学科思维能力培养的理论，构建出"历史思维能力培养"在课堂教学中新的实践模式，并为历史教育目标分类学、历史的掌握学习理论、历史教育心理学以及教学最优化理论提供某些较为成功的经验范型。

该课题拟申报题目为"高中历史教学中'另类问题'情境创设个案研究"，其核心概念本应该是"高中历史教学""另类问题""'另类问题'情境创设""个案研究"，课题申报人舍弃这些概念不进行界定与阐释，却用300多字陈述研究此课题的意义，显然未理解什么才是真正的核心概念界定。

也有一些课题申报人，界定概念时不是简明扼要地陈述自身观点，而是罗列一大堆的名人观点，结果反而让人不知道其核心概念到底有何鲜明特征。

我曾经接触过一个省级课题的开题报告，全文44000余字。其中仅核心概念的界定就使用了4000余字。课题申报人旁征博引，将每个概念的前世今生事无巨细地写入报告中，仅"人格"这一个概念，就先是呈现出《现代汉语词典》上的释义，然后分别列举了吴伟士、麦克莱兰德、艾森克、卡特尔、鲍曼、陈仲庚等六位心理学家在不同时期对"人格"的不同诠释，最后才以"课题组倾向于陈仲庚教授的观点"表明此课题研究中的"人格"这一核心概念的内涵。这样的核心概念阐释，就属于"拉大旗，作虎皮"了，全无实际价值。

还有的课题申报人，将课题研究的具体内容纳入到核心概念的界定之中，同样属于未把握住核心概念的本质特征。如下面这段文字：

高中历史新课程有效教学研究，即研究在新课程改革背景下如何实施高中历史学科的有效教学。所谓有效教学是指教师遵循新课程理念，优化角色定位，转变教学方式，更新教学手段和评价机制，以尽可能少的时间、精力和物力投入，促成学生学习成果最大化。其内容包括"高中历史教材的有效使用""高中历史课堂的有效教学""高中历史课堂的有效学习""高中历史教学的有效评价""历史高考的有效应对""高中历史教学的有效组织"等六个部分。

文段后部分列举的六个部分内容，属于该课题研究的子项目或者子课题，而非概念特征。此课题的题目是"高中历史新课程有效教学研究"，其中的"高中历史新课程"属于研究对象，"有效教学"属于研究内容，"教学研究"属于研究方式。界定核心概念时，只要将此三个概念阐释清楚，再简析一下"高中历史新课程有效教学"的本质特征，便完成了核心概念界定的任务。

在较早出现的课题研究著作《教师如何做课题》（作者李冲锋）中，李博士完整展示了他主持的国家社会科学基金"十一五"规划课题"新课程改革中教学范式转型研究"第二板块的完整内容。他将"新课程改革"（研究背景）、"范式""教

学范式""教学范式转型"(研究内容)设定为这个课题的核心概念。李博士对这四个概念的界定如下:

1. 新课程改革(New Curriculum Reform):指2001年全国基础教育工作会议召开国务院批转《基础教育课程改革纲要(试行)》以来的新一轮基础教育课程改革,即全国第八次基础教育课程改革。

2. 范式(Paradigm):范式是托马斯·库恩在《科学革命的结构》一书中提出的重要概念,意指在一定时期内,研究群体对研究的共同认知、公认价值和常用技术、给研究者共同体成为样本的问题及解决方法、被公认的科学业绩的总和。它所代表的主要是思想观念、意识层面的东西,通过具体的模式、方法、行为等得以体现。

3. 教学范式(Teaching Paradigm):借鉴库恩的"范式"概念,我们把教学范式界定为,教师群体对教学的共同认知、公认价值和常用技术的总和。教学范式是察看教学思想与实践的一种方式。教学范式是针对教学实践而言的,其主体是那些一线教育工作者们。

4. 教学范式转型(Shift of Teaching Paradigm):本研究中的"教学范式转型",指旧的教学范式出现了持续的严重危机,不能很好地解释和解决教学实践中一连串的新事实和新问题,逐渐被新的教学范式代替,新范式取得合法的、主流的、压倒性的地位的过程。

研究李博士的核心概念界定，可以发现其每一个概念均立足于本质特征进行精准解析，用语精确，表意清晰。如此界定课题的核心概念，才符合要求。

三、关注意义关联，建构合理的概念层级

上例中，当核心概念由"范式"演变为"教学范式""教学范式转型"时，随着概念中词汇量的增加，概念的外延逐步缩小，内容逐步聚焦。于课题研究而言，词汇不断添加后最终形成的核心概念，才是真正的研究内容。也就是说，上例中的"范式"和"教学范式"只属于课题研究的对象，真正的研究内容只能是"教学范式转型"。

界定课题的核心概念时，面对一组具有明显意义关联的概念，一定要注意其因为语境的变化而形成的词义递进或转移。比如上例在界定"教学范式"这一核心概念时，其呈现出的"教师群体对教学的共同认知、公认价值和常用技术的总和"这一释义，就和"范式"的"在一定时期内，研究群体对研究的共同认知、公认价值和常用技术、给研究者共同体成为样本的问题及解决方法、被公认的科学业绩的总和"这一释义既有联系又有区别。此种联系中的区别，或者说是区别中的联系，就如同我们对"人""中国人""江苏人""扬州人"的定义。"人"前面的定语地域范围越小，特征就越具体越鲜明，但无论如何具体如何鲜明，又都必须具备人类的共性化特点。

在我参与主持的江苏省第十五期教学研究课题"高中语文

大单元视域下单篇选文的任务定位与教学施策研究"中,我们这样界定相关联的一组核心概念。

1. 大单元

大单元即部编版教材中的一个学习单位、一个学习事件,或者一个完整的学习故事。一个大单元由单元教学任务、若干篇文本、学习提示、单元研习任务等构成,拥有独立且成体系的单元学科大概念。在部编版语文教科书中,"大单元"的学习内容至少可区分为三类:"家乡文化生活"等学习活动项目,《乡土中国》《红楼梦》等整本书,若干篇既独立又有联系的选文。

2. 大单元视域

即基于既有学习单元的主题和语文要素,依托特定学习任务群和特定学习内容,打破单篇阅读的学习模式,将单元内文章学习的碎片化知识点进行统筹整合,以知识体系为依据进行教学设计,运用大任务、大情境、大项目、大问题的逻辑帮助学生构建知识体系,具有整体性、综合性、针对性和实效性等特点的课程认知范围。

3. 大单元视域下的单篇文本教学

大单元教学中的单篇课文教学,承载着完成单元教学指向任务及深化理解单元大概念的重任,是单元教学系统中一个相对完整的子系统实践单位,而不是一个独立于大单元教学之外的、孤立的教学文本。大单元教学的核心概念和单元教学任务、教学评价必须依靠单元中每篇课文承载的分解任务的完成才能达成。因此，每篇课文的教学价值点应该从大单元、大任务、大进阶的视域来确定，并使其教学价值与单元教学目标形成互相映照，发挥其最大教学价值。

4.大单元视域下的单篇文本教学任务

大单元视域下的单篇文本教学任务有别于传统的单文本教学，需立足于大单元教学的实际状况，丰富、发展契合教学实际的策略和设计。该教学任务需在大单元任务的统摄下进行其价值定位，从而制定相应的教学目标，实施相应的教学活动。而且学习中开展的各种教学任务，均服从于大单元整体性学习目标，服从于单篇选文的语文课程属性。

绝大多数的课题在界定核心概念时，都必须面对此种意义密切关联的一组概念。比如下面这样一组概念：微专题教学——整本书阅读微专题教学——高中语文整本书阅读微专题教学——基于真实性问题情境的高中语文整本书阅读微专题教学。随着"微专题教学"这一核心概念前面的定语逐步添加，课题的研究对象和研究内容都清晰地呈现出来。此时，只要在这个最长的短语结尾处添加上"实践研究""路径研究""策略研究""文献研究"等研究方法，一个完整的课题题目便顺利诞生。至于该课题的核心概念，当然就是这一组概念，外加一种具体的研究方法。

需要强调的是，研究方法在课题研究中同样具有极为重要的价值，界定核心概念时，必须给予它一席之地。如上段所列举的四种研究方法，方法不同，关注的研究点就不同，采用的研究方法也就不同。"实践研究"侧重于教学中的具体流程和具体活动，"路径研究"侧重于探究可供目标达成的渠道、方式与手段，"策略研究"侧重于研究解决问题时应该持有的各种对策和各种举措，"文献研究"侧重于探究此核心概念已有的研究成果，并对这些成果进行分门别类的整理与分析。"基于真实性问题情境的高中语文整本书阅读微专题教学实践研究"的着力点是"高中语文整本书阅读微专题教学"在具体教学行为中的实践质态，"基于真实性问题情境的高中语文整本书阅读微专题教学路径研究"的着力点是"高中语文整本书阅读微专题教学"应该选择什么样的方式方法开展教学活动。

第 13 讲

如何检索并描述国内外研究现状与研究价值

刚开始接触省市规划课题时,我对"国内外同一研究领域现状与研究的价值"缺乏正确认知,以为这一模块的信息无关紧要,可以随意检索一些信息填到表格中。若干年后,当我开始系统性撰写各类教学论文、进而写教育教学著作后,才发现此方面的研究不可或缺。毕竟,计划中的研究内容,如果他人早已形成了完善的理论成果和富有成效的实践成果,哪里还有费力钻研的价值?

从这一点而言,对"国内外同一研究领域现状"的信息筛选与归纳,是从事任何一项专题性研究的前提。体现在教育教学课题的研究上,通过必要的信息检索与自主学习,既可以了解选题的价值以及研究方向,有利于确立或修正预想的研究内容,又可以拓展我们的学术视野,通过对同主题若干文献资料的系统性学习,提升我们的学术素养。

一、"同一研究领域现状"检索的基本路径与方法

如何才能相对全面且客观地了解"国内外同一研究领域现状"呢？基本路径无外乎三条。

其一，借助于既有的学术期刊、图书资料获取特定信息。

其二，利用现代信息技术，从海量的网络资源中筛选并整合。

其三，利用特定媒介，如"中国知网""当当网"进行关键词检索，筛选出相应的论文或论著，下载或购买阅读。

依照此三条路径检索相关信息时，基本方法如下：

（一）以既有纸媒为载体，通过信息勾连了解研究现状

如果你所工作的学校拥有一定规模的图书馆，也有专业的教师阅览室，那么，你可以在预设了特定的教育教学研究课题之后，到图书馆和阅览室中查阅与预设课题相关联的各种学术著作和期刊论文。

当然，你之所以预设这个研究项目，更大的可能性是你正在阅读此方面的文章，或者你在近期的学术培训中接触到了此主题下的相关信息，并认为其具有一定的研究价值。无论是何种原因引发了你的探究热情，你都需要在研究之初，最大限度了解此主题的既有研究成果。

利用纸质媒介捕捉"国内外同一研究领域现状"时，需要注意时效性。一般而言，学校图书馆中书籍更新速度较慢，收藏的作品在一定程度上存在着认知的滞后性，未必能够体现出"同一研究领域"的"现状"。教学期刊则在时效性方面具有优势，

能够在一定程度上呈现最新的研究成果。那些数十年前的专业论著，只代表特定时期的特定认知，于当下的课题研究而言，未必具有参考价值。

利用纸质媒介捕捉"国内外同一研究领域现状"时，更需注意信息的延展性。绝大多数的论著或论文离不开相应理论的支撑，文章中或者文末会呈现出这些理论观点的原始出处。检索相关信息时，可依据文本中的注释或参考文献进行关联性阅读，由一部著作、一篇论文牵连起若干部著作和若干篇论文。如此，也就建立起了一个规模庞大的信息网络。

借助于纸质媒介了解"国内外同一研究领域现状"，投入与产出不成正比，且所受的制约过多，只适宜充当辅助手段。

（二）以网络资源为依托，检索并整合研究现状

生活于信息时代，利用网络资源检索特定主题的研究成果与进展状态，无疑是一件高投入与产出行为。比如此刻，我在搜索引擎上输入"大单元整体阅读教学"这个核心概念，设定检索时间为一年内，立刻就显现出很多页面，每个页面又冒出许多条检索信息。这些信息，有的属于直接信息，如"单元整体阅读教学策略探析""单元整体阅读教学谈略""大观念下单元整体阅读教学设计探究"，有的属于间接信息，如"基于语文教材结构开展大单元整体阅读教学"。

万物互联在为我们提供海量的信息资源的同时，也将一个难题推送到我们面前：谁能有时间、有耐心将这数以万计的研究成果一一阅读并研究呢？如此便提出了一个值得探究

的选题——如何在网络上选择高性价比的信息。我认为，我们应重点关注信息的发布源，既要看信息由谁创设，又要看信息由谁发布。一般而言，学界相对认可的专家和学者的观点值得关注，权威学术期刊上刊载的文章值得关注，其他信息可不予阅读探究。

（三）以特定媒介为核心，在高质量的检索中形成完善信息

最理想的"国内外同一研究领域现状"信息检索方式，是利用"中国知网""维普资讯网""万方数据库"以及"当当网"进行信息检索，然后根据需要找出相关的论文或著作。在这里，我们以"大单元整体阅读教学"为关键词来进行检索，利用这些检索到的信息，可以形成以下结论或认知。

第一，"大单元整体阅读教学"属于具有一定前瞻性的教学行为。国内对其研究尚且处于刚刚起步阶段，可探究的学术空间相对宽阔，研究价值较大。

第二，"大单元整体阅读教学"属于近两年间相对热点的研究课题，中小学教师开始越来越多地关注这个内容，并开始结合特定学段特定学科的教学实际开展了一系列的实践探索。

第三，既有的研究成果大多体现为课堂教学实践层面，"大单元整体阅读教学"的理论建构、路径研究、策略研究等内容还有待丰富和补充。以此为课题研究的突破口，被批准立项的可能性较大。

第四，"大单元整体阅读教学"和以前的"单元整体阅读教学"

虽只一字之差，却属于两个不同的概念，"大单元整体阅读教学"是本轮课程改革中出现的新型教学主张。因此，对"单元整体阅读教学"的相关成果，不适宜用作"大单元整体阅读教学"的"国内外同一研究领域现状"的佐证资料。

上述四点，亦可视作"国内外同一研究领域现状"的价值所在，即通过此项研究，确立课题是否具备一定程度的前瞻性，了解既有研究成果的研究内容、研究方向和已经达到的研究高度，同时注意辨析学术概念的细节差异，为日后的精准研究夯筑基础。

二、"同一研究领域现状"的表述技巧

绝大多数情况下，一线教师确立的教学研究课题很难具备真正的超前性，大多属于"跟风而上"。如此，能够检索到的"同一研究领域现状"便信息丰富，表述各异，令人眼花缭乱。然而，能够填写到课题《申报评审书》中的文字有严格的字数限制，前文说过，此模块的字数应尽量控制在800字以内，留下更多空间给更重要的模块。于是，这便形成了一种矛盾：一边是近乎海量的信息，另一边是极为吝啬的空间，如何才能把最该表达的东西都呈现出来，又把无关紧要的东西全部剥离呢？方法只有一个：择其重点而言之，择其非重点而弃之。

"同一研究领域现状"的表述重点，绝非某人出版了某著作，某人发表了某论文，而是依照核心概念划设不同的研究视域或认知视角，分门别类进行信息整合。比如，上一章中作为例证

的李冲锋博士的课题"新课程改革中教学范式转型研究",其对"同一研究领域现状"的阐释,就分为若干层级展开。宏观层面而言,区分为国内研究现状和国外研究现状两大板块,详细陈述国内的研究成果,简要概述国外研究成果。中观层面而言,国内研究现状又区分为对"课程范式"的研究和对"教学范式"的研究两大类。微观层面而言,对"课程范式"的研究又分为"对课程范式的理解与规范"和"对课程范式转型的研究"两类,每一类列举有代表性观点;对"教学范式"的研究也分为"一般教学范式的研究""学科教学范式的转型"两类,每类再细分出多个方面,每个方面列举有代表性观点。

此案例告诉我们,在《申报评审书》中填写"同一研究领域现状"时,课题申报人必须先对检索到的各种信息进行必要的整合归类,使其形成多个认知层级的复合型信息。具体表述时,可依照由总到分的言说次序逐一展开。内容以整体性介绍特定主题下学术研究的分类及其演进为主,侧重于呈现核心认知,尽量避开对某一具体研究成果的详细介绍。

选择重点信息进行归类表述时,还需要注意另一个重要问题:如果拟定的研究内容已经可以检索出海量的研究成果,那么,概述这些成果时不但要对已有成果进行归类,还要能够发现并提取其研究中的薄弱环节甚至空白点,如此才能够为随后要阐释的"研究价值"确立根基。倘若只列举他人的丰厚研究成果,则这个准备中的课题还有什么研究的价值呢?

如果拟定的研究对象和研究内容属于新鲜事物,极少能够检索到相应的文献资料,陈述"同一研究领域现状"时,同样只需要归纳概括，无须对有限的既有成果进行详细介绍。此时，可对自身围绕该拟定研究对象和研究内容已做的前期研究成果进行一定量的呈现。毕竟，自己的研究成果也属于"同一研究领域现状"的组件之一。

下面这两段文字，来自我和吴小丽老师共同主持的江苏省教育科学"十三五"规划重点自筹课题《基于"三单"的整本书阅读教学实践研究》。

整本书阅读在西方国家的基础教育界已成为普遍采用的阅读学习法，此方面的著述颇丰，如《如何阅读一本书》等作品，已在国内畅销。在国内，整本书阅读实践也已进行多年，上海市育才中学从上个世纪八十年代便持久开展此项课程革新，深圳吴泓老师也早在多年前就对整本书阅读教学进行了系统性研究，开发出体系化教学内容。近三年，整本书阅读教学更是成为一项面向全国基础教育领域全面推行的教学变革。

然而，受多方面原因的制约，国内大多数高中的整本书阅读教学还处于观望和试探阶段。在"知网"上，可以查阅到有关"整本书阅读"的论文，但与高中语文相关的较少。此种现状表明，整本书阅读教学在大多数高中都还处于婴儿期，迫切需要通过体系化的教育科研活动，探索其中的奥秘，并将其运用到教学实践之中。

申报此课题时，因为我对"国内外同一研究领域现状与研究的价值"的认知存在偏差，所以对他人已有研究成果的描述过于笼统，缺乏必要的归纳提炼。填入《申报评审书》中的此模块内容便过于简约，只强调了研究的必要性。现在看来，至少应该补充下述几方面的信息。

第一，应分别提炼"整本书阅读"和"整本书阅读教学"的已有研究成果，而不是将二者混为一谈。

第二，应重点关注"整本书阅读教学"这一主题在不同时期的认知、技法、价值主张、实践行为、评价标准的发展变化。从这几个视角提炼国内外的"同一研究领域现状"。

第三，应将能够检索到的有限信息进行归类，指明他人已经在哪些方面展开了探索，还有哪些方面尚未涉足，形成了什么样的认知空白。

第四，应立足于当下整本书阅读教学的实际问题，适当描绘来自教学一线的认知困顿与行动随性。须知，当下的茫然无序同样属于"同一研究领域现状"。

三、研究价值呈现中的两大视角

课题的研究价值，或者说人类对任何一种事物的研究价值，归根结底都是为了提升研究对象的品质，丰富研究内容的内涵。要达成此种终极目标，就需要从理论和实践两个方面取得一定程度的突破。故而，概述课题的研究价值时，注定需要围绕"理论价值"和"实践价值"展开。

撰写"理论价值"这部分文字时，重在陈述预设课题规划中的理论探究框架或者要点。比如，从理念、主张、行动、方式、关系、策略等视角建构教育教学的新认知、新思考、新准则；探究并逐步形成一整套可复制、可推广应用的教学框架；形成既贴近当下教育教学实际需要又有别于既往的研究成果，并在可预见的未来具有普适性价值的认知评价准则，等等。

因为只是预想中的"理论价值"，而非既成事实的研究与成果，陈述"理论价值"时不宜使用"过去时"的词汇，不能描述为"探究了某种理论""解决了某种认知偏差"，应该描述为"计划对某种理论展开探究""力求解决某种认知偏差"。不要将自己的课题研究成果无限放大到攻克某种重大教育科研难题的高度，应尽量放低身段，形成客观公允的自我评价。

"实践价值"的陈述，需重点阐释试图破解的教育教学实践问题。比如教育思维层面的突破，教学技法的变革，学习思维的转换，评价方式的更新等。一切课题研究内容最终都必须能够转化为教育教学实践行动，对预期的实践价值的介绍，彰显着课题研究的现实存在必要性。

在《基于"三单"的整本书阅读教学实践研究》中，我们这样描述课题的理论价值和实践价值。

理论价值：课题致力于将课堂活动和学生的认知、体验与运用结合起来，以知识强化体验，以体验催生能力，力求通过以"三单"为主的阅读教学实践，既培养学习者"脚踏实地"的语用技能，又建构学习者"仰望星空"的诗意情怀。课题还将围绕"三单"的研制与应用，从学理机制、思维发展层级等方面创设开放、客观、理性的可供探究的"阅读场"，全面拓展学生的知识面、文化视野和阅读思维。

实践价值：通过建立"以个体阅读者课前自主阅读思考、课内合作探究至课后深度探索的阅读序时为Y轴，以个体阅读、合作探究至师生互动、多元对话的阅读形式为X轴"的教学坐标，使阅读有目标、有梯度，思维有方法、有拓展。通过"三单"在教学中的实际应用，打通作品、读者、课堂、作者、时代、评价等多种学习资源的内在联系，把学习的主动权交给学生，引导学生在阅读中发现问题解决问题，使其养成把文本阅读和自身生活联系起来的新型学习思维，让自主性整本书阅读成为学习者体验生活、感悟人生的实验室。

这个例子，只是对特定选题下特定内容的简要分析，不宜复制到其他课题的研究价值分析之中。每一个选题有每一个选题的独特价值指向，课题申报者更需要立足自身的课题特性，认真解析自身研究的价值意义。

第 14 讲

如何设定课题的目标、内容与重点

如果将课题研究比作建筑一栋楼房，则课题的"目标、内容与重点"模块，便是建筑这栋特殊楼房的设计图。目标制约着这栋楼房的宏观价值取向，内容决定着这栋楼房的框架结构、房间布局以及各种细节性建筑任务，重点则是对内容的提炼与凸显，圈定出内容中最需关注、最需投入时间与精力的那些核心任务。

在确立课题的目标、内容与重点时，内容的精细化至关重要。预设的内容决定着正式立项以后的研究行动，预设阶段思考越详尽，内容分解越具体，后期操作越有据可依。如此，一线的教育教学科研才能真正落到实处。

如何在《申报评审书》上填写这三方面的信息呢？需注意以下三方面要求。

一、从多个向度预设课题的目标

《现代汉语词典》上,"目标"被定义为"想要达到的境地或标准"。以此为参照定义"课题目标"这一概念,便是在课题研究之初,依照研究对象和研究内容的应有发展趋势,预设课题研究"想要达到的"认知境界或者学术标准。课题研究中的目标,构成课题研究的行动指南。

课题研究的目标,与课题的研究对象、研究内容、研究方法紧密相关。研究对象是具体的学科教学技法的课题,其目标设定应突出生本元素;研究对象是课程理论建构的课题,其目标设定应强化课程元素;研究对象是教师专业发展的课题,其目标设定应强化师本元素。当然,以某一种元素为主,并不是说仅此一个目标,而是强调目标的主次之别。事实上,有关教育教学研究的课题,绝大多数情况下,需要综合考虑课程、教师、学生等不同主体的不同目标。

我在填写各类型课题的《申报评审书》时,习惯于从课程目标、师本目标和生本目标三个方面预置课题目标。

以《基于"三单"的整本书阅读教学实践研究》的课题目标为例:

1. 生本目标

①借助"三单"任务,帮助学生从经典中汲取生命养分,确立正确的人生观、价值观,传承中华民族的优秀传统文化。

②通过基于课程的整本书阅读教学,教给学生可行的阅读

方法，使其从自由阅读、碎片化阅读转向有目标、有任务、有路径、有思维延伸的"知识在场""技能在场""生命在场"的深度体验阅读。

2. 课程目标

①以经典性作品为营养源，努力挖掘作品中隐藏的多元价值，使其成为滋养青春生命的养分，成为构成学生生命意义的重要元素。

②区别不同类型文本的不同教育教学功能，努力达成文本教育价值的最大化，建构不同类型文本间的语文能力阶梯，使作品选择和学生的认知能力匹配，作品意义和学生的成长需要吻合。

3. 师本目标

通过本课题的研究，使教师对文本资源有更清晰的认识和理解，推动教师的专业成长，提升教师的教学能力，使其成为有追求、有理论、有实践的新型教师。

再如《高中语文大单元视域下单篇选文的任务定位与教学施策研究》的课题目标：

1. 课程目标

①针对新一轮课程改革的需要，通过大单元视域下的单篇文本教学任务的研究，厘清"大单元教学"与"单篇文本教学"的联系与区别，以便更好地掌握课程、教材与课堂。

②针对目前单篇教学出现的碎片化、模式化等问题，通过

研究文本的必要路径、方法，建构有目标、有任务、有路径、有思维延伸的"知识在场""技能在场""生命在场"的"大单元视域"下的教学活动。

2. 生本目标

①以经典的单篇文本为营养源，努力挖掘不同时代、不同风格、不同国家的各类文学作品中隐藏的多元价值，寻找与"大单元"相匹配的知识点进行教学，使其成为滋养青春生命的多元化养分，让文本成为构成学生生命意义的一个必然组成部分。

②区别不同类型文本的不同教育教学功能，一方面努力达成文本教育价值的最大化，另一方面努力建构不同类型文本间的语文能力阶梯，使作品选择和学生的认知能力匹配，作品意义和学生的成长需要吻合。

3. 师本目标

通过本课题的研究，使教师对文本资源有更清晰的认识和理解，推动教师自身的专业成长，提升教师的教育教学能力，使其成为有想法、有追求、有理论、有实践的新型教师。

上述两例中的目标设定与分类，纯属个人喜好，绝非课题《申报评审书》在该模块填写的标准化格式。事实上，无论是我参与研究的教育部重点课题，还是我阅读到他人的国家级重点课题的《申报评审书》，其"课题目标"的表述均不一致，并没有一个固定的陈述模板。在相当数量的课题申报书中，描述"课题目标"的文字极为简约，仅体现为最宏观的价值界定。只是，我认为目标与价值属于两个不同的概念，应尽量将其区分清楚。

二、尽可能详尽地预设研究内容

既然可以将《申报评审书》中预设的研究内容视作楼房建筑的设计图，则此图纸必然需要具备现实的可操作性。设计图不但需要对整栋楼房的各主要功能区进行宏观分类，而且要充分考虑到施工中可能出现的各种微观问题，尽最大可能将大大小小的各项任务标注清楚。如此，填写研究内容时就不能只是粗略地概述，必须建立在整体性研究基础上对若干子项目进行详细规划与精准分解。

如何才能让预设的研究内容更合理、更具可操作性呢？让我们结合具体案例进行探究。

例如，当下的中学语文教学普遍缺乏大单元整体教学的意识，习惯于单篇文本的细读精讲。针对此种现状开展"大单元整体教学视域下的单篇文本教学的任务定位和教学实践研究"这一类课题时，可以从哪些方面预设我们的研究内容呢？

从宏观视角看，我们需要思考并探究这样一些问题。

第一，课程层面上，在既往的课程方案与课程标准中，单篇课文与单元学习任务间的关系如何设定？本轮的课程改革提出了什么样的新主张、新要求和新任务？

第二，教师层面上，既往的单篇课文教学具有何种共性化特征？教师通常如何处理单篇课文和单元学习任务间的关系？本轮课程改革对教师的教学提出了什么样的新要求？一线教师对此新要求持有什么样的态度？实际教学中，教师践行新要求的状况如何？课程改革的动力是什么，阻力又是什么？

第三，学生层面上，教学法的变革是否顺应身心发展的需要？如何才能转变若干年的传统学习法形成的认知固化，促使其快速适应新的课改？自主学习、情境化认知经验如何落到实处？

第四，评价层面上，如何在单文本的阅读检测中彰显整体阅读的元素？如何破解检测与评价的滞后性问题？教学评如何走向统一？

从微观视角看，同样存在着一系列必须探究的问题。

其一，进行单元整体教学时，如何提炼单元大概念，又如何运用大概念建立结构化的课程元素？

其二，如何创设整体教学的真实性问题情境？

其三，如何将单元学习任务分解到不同的单篇文本？

其四，如何区分单元内各单篇文本的课程价值？

其五，如何处理单元文本内容与写作任务间的关系？

其六，如何转变教学方法，实现由"教教材"到"用教材教"的转变？

其七，如何才能让学习真正发生？

其八，如何设计单元整体教学的检测试卷？

…………

上述宏观与微观层面的十二个问题，均有资格充当此主题的课题研究的子项目或者子课题。只有将这些问题都思考了、探究了，并获取了一定的认知经验，此项课题研究才具有真正的教学价值。

下面这个文本，就是我在新立项的江苏省第十五期教学研究课题《高中语文大单元视域下单篇选文的任务定位与教学施策研究》预设的五大项研究内容：

1. 当下高中语文大单元教学的现状调查

通过问卷，调查当下高中语文教师开展的大单元教学现状，了解教学情况以及存在的问题。

2. 大单元视域下整体教学实践研究

（1）大单元内部文本间的关系定位研究

（2）素养单元的核心大概念拟制研究

（3）真实性问题情境的创设研究

（4）整体性学习任务的设定与分解研究

3. 大单元视域下单篇文本的教学任务研究

（1）大单元视域下单篇文本的课程目标定位研究

（2）单篇文本的教学任务与文本价值最大化研究

（3）单篇文本的语文要素梳理与取舍研究

4. 大单元视域下单篇文本的教学任务实施的案例开发与研究

5. 大单元视域下单篇文本的教学任务实施的评价研究

上述五类项目，构成了我们这个课题的预设研究内容。此预设内容将成为未来三四年间此课题研究付诸行动的设计图。当然，进入具体的研究之后，会随着具体情况进行修正，整体的内容却不会再做大的调整。

在《基于"主体实践性阅读"理念的"三度"语文研究与实践》这一课题的《申报评审书》上，我更为详尽地填写了此课题的研究内容。

本课题将从理论和实践两方面出发,从"文本资源的开发""教师功能定位""主体实践性课堂构建""学生自主意识培养""现代文教学""文言教学""诗歌教学""作文教学"等多环节深化研究。包含以下子项目:

1. 文本资源的开发研究。包括课本资源的有效利用,课堂互文性阅读资源的积累,超文本链接中的可比性素材的归类,引文式文本与例文式文本的界定等。此方面研究的价值在于使文本资源使用实现效益最大化,让文本成为构建学生生命大厦的必要材料。

2. 教师功能定位研究。包括如何引导学生解读课文、如何设计有效问题、如何引入反向声音、如何处理认知冲突等微专题式探究。此方面研究的价值在于明确教师功能,突出学生的主体阅读地位。

3. 主体实践性课堂模式构建研究。包括如何确立学习者的主体地位、如何处理预设和生成的关系、如何建构认知的层次结构与体系化等三大板块。其中第三板块又分解成教学流程设计中的"走进文本、走进作者、走进生活、走进文化、走进心灵"和价值取向上的"知识在场、技能在场、生命在场"等更小的子项目。此项内容的研究,是所有研究中的核心。

4. 学生自主意识培养研究。包括"初高中学习方法的过渡""课堂主动精神的强制性养成""课堂主动精神的自觉性运用""课堂阅读实践中的主体地位确立""主体实践性阅读的开展"等环节。该环节的研究目标在于扭转长期应试环境下养成的文本依赖和教师依赖心理,确立起主体实践性阅读的地位。

5. 现代文教学研究。立足于现代文的文体特征，通过学生的主体实践，将文本内容和学生的生活经验结合起来，在动态生成的过程中，完成"走进文本—走进作者—走进生活—走进文化—走进心灵"的阅读过程，实现文本资源利用的最大化。

6. 文言教学研究。立足文言文本的文体特征，以传承传统思想为着眼点，以文道统一为实践性阅读的根基，在学生的主体实践阅读过程中，充分利用经典的力量，陶冶情操，丰富文化积淀。

7. 诗歌教学研究。以诵读为主体，在诵读中体验诗歌意境，学习诗歌章法，能借助诗歌的诵读，读懂作者的内在情感，并从诗歌中感悟到充满诗意的人生意义。实现语文阅读教学由"思"走向"诗"的转变。

8. 作文教学研究。在主体实践性阅读的基础上，完善学生的人格修养，让阅读教学的成果在学生习作中体现出来。作文教学中，以立足于对文本内容的深度思考与拓展为主体，将思考形成于随笔性的文字。用文字体现思想，用文字丰富情感，用文字完善心灵。

我和课题组成员大体上依照这个研究内容有条不紊地展开教学实践研究，并取得了一定的研究成果。仅我个人，就分别针对文学类文本的阅读教学、文言文本的阅读教学、古典诗歌的阅读教学和选修课文的教学四大系列发表了 20 篇教学论文。探讨作文教学的文字更是多达数 10 万字。

如果计划申报的课题具有较强的跨学段、跨学科特征，则其研究内容的设定必须注意研究项目的学段和学科全覆盖。比如前面介绍的以 60 余所高中学校为实验基地、以高中阶段所有学科为研究对象的教育部重点课题《普通高中课堂教学价值取向的定位与实践研究》，其研究对象就区分为"教育现状""教育理论和政策""普通高中课堂教学价值取向定位""教学实践"四大类别，每一类别中又区分出若干的具体研究内容。如将"普通高中课堂教学价值取向定位"分解为指向育人的"课堂教学中的教育价值定位研究"、指向学科素养的"课堂教学目标的价值定位研究"、指向优化思维品质的"课堂教学内容的价值定位研究"、指向差异化发展的"课堂教学方式的价值定位研究"、指向感悟与创新的"课堂教学流程的价值定位研究"、指向选择性的"课程资源的价值定位研究"、指向民主和谐的"课堂文化的价值定位研究"、指向以人为本的"课堂教学管理的价值定位研究"、指向多元发展的"课堂教学评价的价值定位研究"、指向适合的教育的"课堂教学各要素有机整合价值定位研究"等十个子项目。

该课题的"实践研究"也预设了八个子项目。

1. 与普通高中相关的衔接教学研究
1.1 与初中课堂教学的相关性（基础性）研究
1.2 与大学课堂教学的相关性（专业性）研究
1.3 与学生职业生涯规划相关的教学（发展性）研究
2. 师生共同制定教学目标的实践研究

3. 教学内容生活化与生活经验教学化实践研究

4. 班级授课制下的个性化教学实践研究

5. 以认知冲突为驱动、以价值判断与选择为重点的问题教学实践研究

6. 课程资源的主题统整与相关统整实践研究

7. 课堂教学过程中学生发展评价方案研究

8. 和谐生态课堂实践研究

之所以要列举上面这个例子，目的在于呈现综合性课题在研究内容设定上的完整性体系建构和表达。事实上，如此庞杂的研究内容，仅凭一个人或者几个人的力量注定无法完成。从这一点而言，一线教师申报课题时，确实需要量力而行。

三、"重点"不只是"内容"的着重号

在我接触到的课题申报评审材料中，90％以上的课题申报人在填写课题研究的"重点"时，习惯于从列举的研究内容中筛选出几条自认为重要的项目，简单"复制"到"重点"所属的板块，便算是完成了该板块内容的填写。表面上看，此种确定课题研究"重点"的方式并无不妥，"重点"不就是"重点研究内容"吗？从多项研究内容中挑选出其中最具影响力的三五条作为重点研究的内容，有利于纲举目张。

但此种认知的前提是"重点"等于"重点研究内容"，未能关注"重点"的其他身份或其他属性。事实上，课题研究中

的"重点"固然应以"重点研究内容"为核心，但也不能忘却研究中的"重要路径""重要程序""重要方法"。

为了更好地阐释这个问题，依旧以"设计图"这个比喻为例进行解读。

当设计师将设计图纸交给施工队时，施工队如何才能将设计图上的内容全部转换为具体的建筑行为呢？首先必然是挖地基，然后必然是浇筑地基，接着是浇筑地表上的楼房主框架，再接着是砌墙，安装门窗，布局内部水电走线，粉刷……这些项目中，哪些属于"重点"，又有哪些属于非"重点"？实际上，每一个环节都重要，缺一不可。但它们注定无法都成为《申报评审书》上的"重点"，也不该都成为重点。因为这些内容，都是整个"施工"流程中渐次展开的具体行动，无所谓重点或者非重点。

依照设计图施工时，真正属于"重点"的，一是对施工流程的统筹，二是对施工质量的科学设定与合理监管。唯有这两样工作做扎实了，楼房才能按时且高质量地建成。

所以，如果需要对一份设计图标注出全部的"重点"，不是要关注开展的施工项目中的哪一个流程特别重要，而是要关注流程间的有效衔接，关注各流程具体落实时有可能影响到楼房质量的关键性问题。

基于上述比喻可知，预设课题研究的"重点"时，真正需要关注的就不是内容中哪几条相对重要，而是有可能影响课题研究质量与效益的那些问题。比如，预设的研究内容在具体实践时可能出现的调整与修正，不同研究内容间的相互补充与印证，某一具体研究内容在实施过程中必须梳理的外部关系，等等。

下面这段文字，是我为《基于"主体实践性阅读"理念的"三度"语文研究与实践》预设的研究重点。

课题重在探究阅读主体的实践情趣、实践意识和实践能力的实现，以及阅读主体在阅读中形成的能力提升与思维品质发展。本课题的研究重点，就是要建立起以"主体实践性课堂建构"为核心、以"学生自主意识培养"为目标、以不同类型文本的区别性教学设计为抓手的"三度"语文教学新样态，充分利用好课堂中的每一节课，让实践性阅读活动中的每一节课，都成为学生生命中的必需。

请注意，文中的"主体实践性课堂建构""学生自主意识培养"来自具体的研究内容，"以不同类型文本的区别性教学设计为抓手"则是对多项具体研究内容的整合提炼，其他内容则是侧重于阐释预设的研究内容与课题研究的实践关系。

第 15 讲

如何阐释课题的研究思路、过程与方法

　　如果我们依旧将课题研究的目标、内容和重点比作楼房建筑的设计图，则课题的研究思路、过程与方法，就属于此楼房建筑的施工图。设计图与施工图的最大差异，在于前者侧重于阐释"做什么"，后者则更为关注实践层面的"怎样做"，更为关注任务的分解、实施及其效益最大化，更为关注微观层面的精细化的数据，比如具体的方位、具体的尺寸、具体的材料。

　　要科学地回答"怎样做"这一问题，当然需要先理清思路，再合理安排工作进程，然后精选适宜的工作方法，将研究付诸实施。

一、思路清晰，才能行动正确

　　有人曾对当下校园中的课题研究现象进行过概括，得出了开题时"轰轰烈烈"，过程中"冷冷清清"，结题时"拼拼凑凑"

的结论。为什么课题立项之后未能形成真正的教育教学研究,未能形成真正解决教育教学问题的具体研究成果呢?撇开申报人的动机不谈,仅从其填入课题《申报评审书》中的研究思路、过程与方法,便可发现端倪。因为,相当数量的课题,从申报之初,就未能厘清这三方面问题。课题的评审者对此也往往缺乏足够的关注。

填写课题《申报评审书》时,应该如何拟写课题的研究思路呢?且看下例。

本课题将主要沿着理论探讨、实践介入、分析探究与对策建议这一研究思路加以展开,具体参见如下的思路框图。

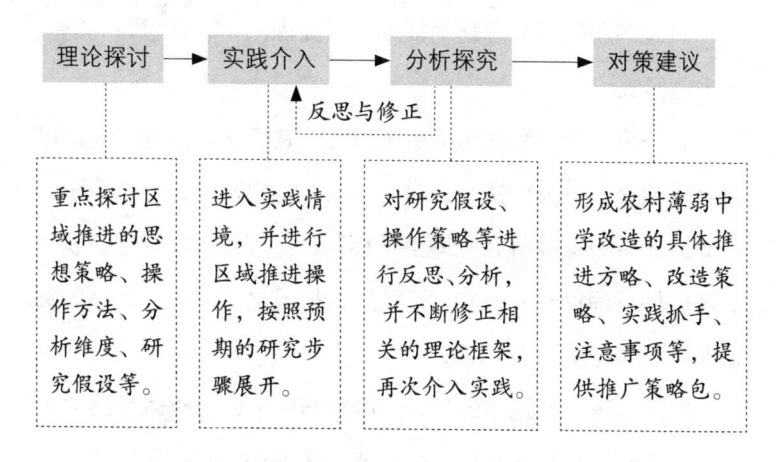

理论探讨	→	实践介入	→	分析探究	→	对策建议
		↑ 反思与修正				
重点探讨区域推进的思想策略、操作方法、分析维度、研究假设等。		进入实践情境,并进行区域推进操作,按照预期的研究步骤展开。		对研究假设、操作策略等进行反思、分析,并不断修正相关的理论框架,再次介入实践。		形成农村薄弱中学改造的具体推进方略、改造策略、实践抓手、注意事项等,提供推广策略包。

具体来说,课题组首先进行理论层面的分析,重点就"活力—探究型"课堂教学模式的核心内涵、推进策略、研究的框架及关注点、基本研究假设等进行充分研讨与准备。随后,进入实践情境之中,进行具体教学模式的推进与操作,研究并观察学

校的变化、教师的变化、学生的变化、课堂的变化，不断完善、提炼初始的研究假设与基本观点。最后形成农村薄弱中学改造的具体推进方略、改造策略、实践抓手、注意事项等，形成对策建议包，不断产生来自实践情境的、实证性的理论研究成果，而且为更广泛的农村薄弱学校提供可见的、可操作的实践包与对策库。

这是我作为核心成员参与研究的江苏省重点资助课题《县域农村薄弱初中"活力—探究型"课堂学习模式研究》的研究思路。在这个研究思路中，流程顺序清晰，研究方向与内容具体。以此作为课题研究的施工图，可确保研究项目不偏离预定的安排。

以此课题的研究思路为样本，可提炼出"研究思路"的基本表达形式。

1. 先整体性介绍课题的研究思路。其思路可以是"理论探讨→实践介入→分析探究→对策决议"，也可以是"个案研究→类案分析→文献研究→理论阐释"，还可以是"行动实践→学理提炼→理论介入→方案形成"，抑或是"理论引领→案例验证→拓展实践→成果凝练"。

2. 围绕研究实践中的目标、内容与方法，对整体思路中的各构成要素进行简要解读。如果能用图表进行直观呈现的，便尽量用图表。无法用图表呈现的，就用文字叙述。

3. 用精要的文字对流程中的各具体环节进行阐释，尽可能全面地将课题研究中的节点性内容凸显出来，并做适度解说。

4. 注意对全流程各阶段的预期研究成果的凝练表述。

当然，此种表述模板并非唯一样本，而是众多样态中的一种，通常适合相对宏观的科研课题。如果课题研究者申报的是具有较强专题性的课题，则其研究思路又有其他的表达形式。比如在题为"中学语文名师教法研究"的课题中，研究者可以持有的研究思路就应该是"个体教学案例研究→个体教学法与教学风格提炼→若干个案中的异同点提炼→风格形成与职业环境的关系分析→名师教法的推广应用"。

　　课题的研究思路，与课题的研究目标、研究内容具有密切关联。思路清晰且正确，目标才能落实，内容才有抓手。如果课题的思路混乱，则其具体的研究便只能跟着感觉走，必然会陷入"东一榔头，西一棒槌"的无序之中，当然也就必然形成过程中"冷冷清清"，结题时"拼拼凑凑"的局面。

　　数年前，某学校邀请我为他们审阅课题申报材料，我发现相当数量的申报人都不会填写"研究思路"，有人将"研究思路"写成了课题研究的意义，有人将"研究思路"写成了不具备任何具体操作性的万能概念。比如下面两个示例，前一个就写成了意义分析，后一个写成了抽象概念汇编。这两个示例显然无法指导后期的具体化课题研究。

　　示例一：

　　目前，国家已经明确提出，要"试行国家课程、地方课程和学校课程"。依托《课程标准》的规定和考试的实际需求，我们的研究思路定位在如下几个方面。

　　1.方向性。①做到顺应整个教育体制改革尤其是高考改革趋势，"面向高考又不全为高考"，"追求升学率，而不片面追求升学率"，做推行素质教育的支持者。②充分了解与熟悉教材、教学大纲与考试说明等，对于高考所考查的知识范围与能力要求等要烂记于心，同时要注意及时关注与把握相关的高考信息。③全面、准确地摸清自己所教班级学生水平层次差异，尽可能"因人而异""因材施教"，面向全体学生，关注"两头"，突出"中间"。

2. 逻辑性。任何科学理论都是把真理性的认识系统化，按一定的逻辑构成体系。本课题一方面，通过系统的研究形成一定的逻辑体系；另一方面，通过课程文化建设培养并提高师生的逻辑思维能力与自学能力。

3. 系统性。本课题研究立足于政治学科，但不能不涉及跨学科方面的知识和综合实践知识，具有一定的综合性，要全面地和完整地把握研究中涉及问题的来龙去脉、前因后果，就必须掌握知识之间的内在联系。

4. 常识性。我们只是在常识的水平上进行课程文化资源的开发使用，不追求高深的理论。

示例二：

明晰主题价值—整合文献研究—厘清特征原则—基于现状调研—理性归因分析—探寻实践路径—优化教育策略—构建校本机制。

这两个示例，显然无法指导后期的具体化课题研究。

二、过程具体，才能行之有效

"过程"是对"思路"的细化。"思路"相对抽象，"过程"则较为具体。

对"思路"中的具体流程进行总体性解读时，已经涉及"过程"的概括交代，只是"思路"环节中的交代，最多只属于中观性质的陈述，而对"过程"的阐释，则属于微观性质的行动安排，通常需要将时间、内容、人员等具体信息尽量清晰地列出来。

一般而言，对研究过程的介绍，可分为四个环节。

1. 前期准备。内容通常包括策划选题、组建课题组、人员分工、检索相关文献资料、开展课题可行性调研、根据调研情况填写申报评审表、进行正式申报、开展前期研究。

2. 初期研究。通常指向课题立项至正式开题这段时间内开展的研究，一般以个案研究、案例研究、问卷调查、数据分析、具体操作实验为主要研究内容。

3. 中期研究。通常指向课题开题之后一两年时间内开展的各项研究，较多关注对具体信息的归纳提炼，注意从个别中发现一般、从个性中发现共性。逐步增加对研究成果的理论阐释，开始形成一定的研究成果，如发表论文、开展成果宣传与转化活动等。这一过程中，需完成一份课题中期研究成果报告。

4. 总结与结题。通常以课题研究的最后一年甚至半年时间为限，侧重于对既定的各项研究内容的成果提炼与推广应用，提出结题申请，开始撰写课题研究成果报告和结题报告，对各项课题研究成果进行档案归类。

下面这个示例，就较好地展示了课题研究过程设计的应有样态：

2014年5月—2015年2月 准备阶段

通过走访、问卷、座谈、听课等方式，进行现状研究，设计研究方案，申报立项，组建研究团队。

2015年3月—2017年8月 实施阶段（包括三个步骤）

（1）2015年3月—2015年9月 开题论证，完善研究方案，组织研究团队。用比较研究法继续进行现状研究，同时用文献研究法，研究相关专著和政策文稿，组织交流研讨，形成《调研报告》和《文献研究综述》。

（2）2015年10月—2016年8月 中期评估，综合运用多种研究方法，进行"课堂教学价值取向的定位与实践"研究，重点研究"价值定位"形成《普通高中课堂教学价值取向定位与实践研究》。

（3）2016年9月—2017年8月 用案例研究法、行动研究法等方法，研究价值定位的实践路径，形成《案例精选》《评价手册》和《建议书》等。

2017年9月—2017年12月 总结阶段

完善《案例精选》《评价手册》，撰写《研究报告》和《结题报告》，申请成果鉴定。

此示例，出自教育部重点课题《普通高中课堂教学价值取向的定位与实践研究》。预设的研究过程中，在什么样的时间段内完成什么样的具体研究任务、形成什么样的研究成果,都有具体的呈现。

在我参与主持的课题《基于"三单"的整本书阅读教学实践研究》中,我们也采用了类似的研究过程呈现方式。

1. 组织申报阶段(2019.01—2019.10)

(1)收集整理相关文献,组织课题组成员学习研讨。

(2)进行教材分析与生活分析,初步提出课题研究实施方案。

(3)课题申报和论证。

2. 前期研究阶段(2019.11—2020.11)

(1)进行整本书阅读的指导培训。

(2)学习优秀的整本书阅读案例。

(3)进行分课时教学设计,编写相关著作的"三单"。

3. 中期研究阶段(2020.12—2021.12)

(1)选择相应班级为观察对象,不断发现整本书阅读教学过程中出现的新问题,并在教学实践中探索新方法。

(2)形成与之配套的检测评价方案。

(3)教师撰写相关指导性论文。

(4)课题研究中资料的整理。

4. 课题总结阶段(2022.01—2022.12)

(1)撰写课题研究报告,做好结题鉴定准备工作。

(2)对既有研究成果进行归总提炼,对整本书阅读教学经典案例进行汇编。

(3)组织专题教学活动,展示整本书阅读的教学成果。

我们在课题开题之后开展的各项研究活动,大体上就是依照此设计过程渐进展开。与预设过程稍有改变的,是我们的理论研究成果前移了一年多时间,在研究初期就发表了数篇论文,出版了著作《中学整本书阅读教学设计》。

三、方法适宜,点明意义关联

前文说过,不同的选题需要不同的研究方法。同一个选题,也需要综合使用不同的研究方法。

比如,以教学风格与流派研究为选题的课题,必然需要运用经典教学案例研究和个人成长案例研究两种方法,亦可适量使用问卷调查法、数据分析法等方法。而以教学主张确立与实践为选题的课题,则必然需要运用学理阐释法、行动研究法、案例解析法,亦可适量使用问卷调查法、对比实验法、检测分析法等方法。

在我接触到的各类课题材料中,课题申报人最喜欢填入课题《申报评审书》中的研究方法,为"文献研究法""案例分析法""行动研究法""经验总结法""问卷调查法"。

比如,我在课题《基于"三单"的整本书阅读教学实践研究》中列出的研究方法,就是"文献分析法""案例分析法""行动研究法"三种。表述如下:

1. 文献分析法

查阅整本书阅读与中学语文阅读教学的相关文献，了解此领域的新成果、新动态、新方法。

2. 案例分析法

对各类媒介中已有的整本书阅读教学案例进行分析，发现问题，寻找方法，最终完成属于自身的高水准教学案例。

3. 行动研究法

在实践研究中，师生共同合作开展整本书阅读学习活动，不断整合、不断优化整本书阅读教学的内容与方式。将实践、探索、修改、完善有机结合，理论与实践相统一。

我所列出的三种方法，均注意了在特定课题中的应用状态，又不过度阐释，契合了此模块内容的填写要求。下面这两个示例，就不符合"研究方法"陈述的相应要求，出现了一些偏差。

示例1

调查法：通过问卷、访谈对学校、师生进行教育教学现状调查；

文献法：学习教育教学理论书籍、文章，整理归纳过程相关书面材料；

行动研究法：通过教师教育教学的计划、实施、观察、反思呈现研究效果；

观察法：对实验前后的学生状态、教师状态、课堂状态进行观察比较。

示例 2

　　文献研究法：①从报刊、网络上查阅与本课题相关的研究资料，了解并掌握他人的研究成果，通过分析比较进一步明确自己当前研究的起点。②在查阅有关涉及本课题的文献基础上，从理论上对本课题的内涵、目标进行科学界定，对本课题的目标做具体描述，为课题研究提供可靠的理论依据。

　　调查研究法：运用此法研究影响"高中生历史解题能力培养"的各种因素，为研究提供充足的事实依据。

　　行动研究法：运用此法研究"高中生历史解题能力培养"的策略，边实践，边探索，边修改，边完善，使理论与实践有机地统一起来。

　　经验总结法：运用此法研究"高中生历史解题能力培养"的保障机制，用科学方法对研究经验进行分析、概括，全面深入、系统地揭示经验的实质，提升成为理论，写出经验总结性论文或研究报告。

　　个案研究法：运用此法研究"高中生历史解题能力培养"的差异性，对不同类别的例证群，以及每个具体的例证进行深入全面的剖析、比较，在此基础上撰写出每个具体个案的文章，并揭示出每一类别个案，以及整个课题中的某些规律和本质。

　　示例 1 的表述中，列举出的四种研究方法均缺乏对应的具体研究内容，故而表述不当；示例 2 的表述看似非常具体，但重心偏移到了这些研究方法的研究意义之上，未能关注研究方法的具体运用策略。比如调查研究法未能列出进行什么样的调查，行动研究法未能列出开展什么样的行动，经验总结法未能阐释如何获取并分析经验，个案研究法未能概述如何形成个案并分析个案。

两个示例中出现的问题，需注意避免出现在自己的《申报评审书》中。

第 16 讲

如何拟写课题的主要观点

观点是观察事物时所处的位置或采取的态度。由此推知,课题的主要观点应指向课题研究中拥有的正确定位和确立的正确态度。课题研究的主要观点只能建立在预设的研究对象、研究目标、研究内容、研究思路、研究重点的基础之上。

课题《申报评审书》上需要填写的课题"主要观点",其实算不上真正的"观点"。毕竟,所谓的"研究"暂时还停留在主观层面上,尚未全面展开,研究员也就不可能形成来自田野实践的真正思考与发现。也正因为如此,在有些省份的课题《申报评审书》上,将这一模块的主题设定为"研究假设"。我认为,用"研究假设"取代"主要观点"更为准确。"研究假设"属于可能性推想,是建立在既有认知经验基础上的分析、预测与推论,具有一定的前瞻性;"主要观点"属于事实性结论,其"观察事物时所处的位置或采取的态度"均属于既成事实,是由事实生成的主观性评价或态度。

但《申报评审书》上既然列出了这个项目，作为课题申报人不得不完成，也就只能依据此时此地的认知，预设三年的课题研究中可能形成的主要观点。

拟写课题的主要观点时，需注意四个方面的要求。

一、基于内容，形成观点

现实是形成观点的认知土壤。课题研究中的主要观点，离不开现实的研究内容的滋养。唯有对预设的研究内容进行思考与实践，才能由此形成特定的认知，形成合理的观点。观点是对内容的提炼，是具体中形成的抽象。

只是，面对完全相同的研究内容时，不同的课题研究者形成的观点却往往千差万别。影响观点的因素有很多，仅从研究者本身而言，情感倾向、思维方式、既有认知经验、既有学养等因素，都足以形成观点的差异。即使是同一位研究者，在课题研究的不同阶段，对同一个研究内容形成的观点也注定属于变量。投入的时间与精力越多，研究越深入，形成的观点便越客观，越接近事物发展的内在规律。

比如，同样是运用"三单"引导学生开展整本书阅读，我们课题组最初形成的观点仅体现为"三单"可以避免自主阅读中的"浅阅读"，可以通过特定的任务指令让学生带着问题进行"研究性阅读"。此种观点，指向课题的研究价值。

后来，课题组对"三单"内容进行分解，详细探究"课前自主阅读清单""课内任务活动清单""课后拓展阅读任务清单"

三份清单间的内容关联与表达差异，便对不同学习阶段的不同任务清单形成了具体的观点。比如课前自主阅读清单的设定要贴近学生的兴趣点和心理发展需要，彰显趣味性和思维挑战性；课内任务活动清单要有利于开展合作探究，要富有思维梯度；课后拓展阅读任务清单既要"量力而为"，又要"跳起来摘桃子"，要指向灵魂的塑造和素养的提升……

随着思考与实践的不断深入，课题组在课题研究中形成的主要观点也在不断修正、不断抵近研究的内核。课题组最终填入《申报评审书》中的"主要观点"，便大体上进入了理性思考与表达的层面。示例如下：

1. 以"三单"聚焦指向语文、指向综合素养的研究性阅读，把原本具有个别性、随意性、泛目标性的自由化阅读纳入语文课程学习体系中，避免阅读的随意化、碎片化、肤浅化。

传统的碎片化阅读教学高耗低效，学生接收的信息琐碎繁杂。整本书阅读致力于培养学生搜集、整理、筛选、比对各类信息的能力，并在多方位的阅读后形成自己的阅读体验，有利于构建全面、立体、丰富的阅读体系，从而在整体上把握文本。

2. 以来自学生自主学习中的困惑和教师预设的核心问题为依托，精心创设"三单"，用以串联起学习全过程，激活学习思维，使阅读收获可见的成长。

"课前自主阅读清单"帮助学生了解阅读的整体规划，发现阅读重难点，在任务中生发疑问，在疑问中引发思考；"课内任务活动清单"帮助学生学会在教师的点拨下深度解读文本，在思考中收获；"课后拓展阅读任务清单"为学生的知识拓展与提升提供方法，使课后反思更具深度和个性。

3. 整本书阅读在引导学生关注情节、人物等显性信息的同时关注写法、思想、文化等深层次信息。

通过"三单"，学生学会关注文本的情节、人物、环境等信息，在筛选整合中提高自己的语言建构与运用能力。同时，"三单"中教师预设的一些有深度的问题，给予学生以明晰的学习方向，引导学生思考文本写法、思想、文化等隐藏的多元价值，生成属于自己的阅读体系与价值体系。

4. 将学生的个体阅读体验与群体阅读感悟融为一体，在观念的形成、碰撞与修正中拓展思维。

"三单"强调学生个体阅读体验，要求学生将原先的个体体验带入课堂的群体阅读感悟中，在与教师、同伴的探讨争论中形成思维的火花，激发审美鉴赏的能力，并在群体中拓宽自己的思想，拓展自己的思维。

5. 通过后期的综合性训练持续性深化学生对作品的理解。

整本书阅读后期将通过阅读比赛、改编剧本、排演课本剧、组织辩论赛等方式保持学生对文本的热情与关注，持续性地深化学生对文本的理解，使文本成为学生生命成长意义中的必然组成部分。

上述五个方面的主要观点中，加粗的文字为呈现出的观点，另一段文字为对该观点进行的阐释。此五种主要观点，分别从客体（整本书）、主体（学生）、学习方法、学习能力、学习效果五个视角立论，既关注了课题研究内容中的五个重要项目，又关注了课题研究的目标与路径，对开题后进行的课题研究实践发挥了较好的引领作用。

二、精准立论，适度阐释

由于课题《申报评审书》上的"主要观点"具有一定程度的虚拟性，并非建立在具体研究成果基础之上的客观结论，故而其立论容易陷入只有大胆假设却无法科学求证的泥淖。要避免此种错误，必须形成特定的拟写标准。我认为，至少应做到下述五点：

1. 观点要包含明确的价值诉求，能体现出对特定研究内容的理性思考。

2. 观点要具体，能体现课题研究中的具体对象、具体路径、具体方法和可预见的具体成果。

3. 观点要可验证，能引导课题研究者在后期的研究中开展具体的验证活动，并最终证明其正确性。

4. 观点要全面，尽可能覆盖课题研究的各主要项目或子课题。

5. 观点要富有前瞻性，既体现出对教育教学既有规律的尊重，又体现出对教育变革的呼应与积极建构。

在省级教学研究课题《基于"主体实践性阅读"理念的"三

度"语文研究与实践》中,我这样陈述课题的主要观点:

1. 真正意义的阅读教学,必然建立在学生和文本积极对话的基础上。这个对话,需要学生充分调动起自身的生活积累和文化沉淀,并将其一起带入到文本阅读中去,用自己的心灵感受文本的本真意义,体味作者创作时的真情实感,并将自身的生活放置到文本生活中去比较,从文本中读出自身的生活价值和生命价值。对话的话题,可以来自教师预设,更应该来自学生的阅读困惑,来自课堂中的临时生成性问题。

2. 阅读教学中,教师务必将自身定位为与学生平等的阅读者。教师只是思维困顿处的桥梁纽带,搭建起学生和文本间的联系渠道。在主体实践性阅读教学活动中,学生和文本间对话通道畅通,功利目的可以最大限度地实现。

3. 语文教学的宽度、温度和深度,体现在具体的每一节课的教学实践上,就是首先要准确丈量好每一篇课文在教材中应该承载的教学任务,还课文以教材的属性特征,而非单篇文学作品的属性特征。此丈量的标准,是国家的课程方案和具体的学科课程标准。

4. 学习的温度只能来自学生的主动探究,而非教师的强势煽情。教学实践中,需依照课文的课程学习目标,通过"走进文本—走进作者—走进生活—走进文化—走进心灵"的教学流程,组织起有序的课堂活动,使语文学习在明确的目标指引下,借助学生这一主体间的自主、合作与探究,营造出语文应有的温度。

5. 语文的深度，重点体现为问题情境的有效创设。创设的关键，在于"陌生化"。教师要依照学生的"最近发展区"的需要，在备课时努力钻研教材，在紧扣课程目标组织教学活动时，尽量引导学生走向文本的内核，发现文本的深处意义，提升积极思维的能力。而在具体的教学过程中，适当地拓展教学内容，引进互文性阅读材料，帮助学生比较、鉴别、发现，形成新的思维，是拓展语文教学的深度的重要手段。

依照此五种主要观点，课题的评审者不但可以了解此课题的核心概念、主要研究内容、研究路径，而且可以了解各项研究内容间的相互关联，了解课题研究的预期成果。此五点，大体上落实了上述有关"精准立论，适度阐释"的五项主张，阐释了课题研究的目的性、具体性、可验证性、全面性和前瞻性。

三、关注实证，指导实践

尽管填入课题《申报评审书》中的研究内容只属于"设计图"，但它终究需要转化为具体的教学研究行为。如此则依托研究内容、研究路径等信息拟写课题的主要观点时，也就需要侧重于阐释课题研究过程中即将开展的重要研究活动。其表达观点的句子以及紧随其后的简要解析，既要能够精准呈现对特定问题的适宜主张，形成明确的价值判断，又要关注实证，用具体的行动方案或成果证明此种主张的可行性与科学性。

比如上面所举的例子中，"以来自学生自主学习中的困惑和教师预设的核心问题为依托，精心创设'三单'，用以串联起学习全过程，激活学习思维，使阅读收获可见的成长"这一观点，就包含了"三单"制作的基本要求、实践方式和预期成果三项信息。以此观点指导后期的具体课题研究时，所有参与课题研究的教师就必须在面对任意一部作品的整本书阅读教学时，先要通过自身的阅读，设计出核心问题，然后对学生的自主学习状态进行调查，对其存在的困惑进行整合，提取出切合课程需要的问题，并将这些问题和自身预设的问题有机融合，分别制定出"三单"。在课堂教学的全过程中，也都需要紧扣"三单"展开各种类型的活动，需要将教学的重心放在学习思维的激活之上，而不是文本中静态化知识的获取之上。

上例中有关"对话""宽度""温度""深度"研究中的主要观点，也都包含了具体的研究内容、研究要求、实践路径、实践方法和预期成果。

下面这个示例，就未能正确归纳提炼出该课题的主要观点。

高中历史有效教学研究的核心就是要研究高中历史教学的有效性。所谓"有效"，主要是指通过教师进行一段时间的教学后，学生所获得的具体进步或发展。教学有没有效益，并不是指教师有没有教完内容或教得认不认真，而是指学生有没有学到什么或学生学得好不好。如果学生不想学或者学了没有收获，即使教师教得再辛苦也是无效教学。同样，如果学生学得很辛苦，但没有得到应有的发展，也是无效或低效教学。因此，学生有无进步或发展是教学有没有效益的唯一指标。

此示例中存在哪些问题呢？

最严重的问题，在于呈现出的主要观点，不过是一种常识。这样的常识，即使是非教育领域中的任意一个人，都早已知晓。将这样的内容当作课题研究的主要观点，要么说明《申报评审书》的填写人不懂得如何撰写课题研究的主要观点，要么说明此课题不过是研究一个众所周知的常识。倘若是后者，则此课题便没有任何立项价值。

同样很严重的问题，在于此观点中没有可行性的研究路径、研究方法，也没有具体的研究内容、研究要求和预期成果。将近200字的表述，只是重复对核心概念"有效"的界定和意义分析。

事实上，此课题在预设研究内容时，就将研究区分为"高中历史教材的有效使用""高中历史课堂的有效教学""高中历史课堂的有效学习""高中历史教学的有效评价""历史高考的有效应对""高中历史教学的有效组织"六大类别，每个类别中又分解出了若干的子项目，如"新课程背景下历史教科书的地位和功能""教材内容设计的有效性和教材内容的有效使用""课程资源的开发和有效利用""新课程背景下历史教师的主导作用""高中历史新课程教学中教师、学生、教材三者关系的有效处理""高中历史学习方法的优化""符合历史学习特征的评价方式的选择及依据"等16项子任务。其"主要观点"的提炼与表达，应该围绕六大类别展开。比如，围绕"高中历史教材的有效使用"这一研究项目，就可以形成这样的观点："高中历史教材的有效使用，既需要对既有教材进行合理的功能定位,并依照此定位开展有效的内容设计和活动流程,又需要结合特定生活和特定社会文化,开发并深度利用各种课程资源,形成课内外融通的学习机制,培养学生的历史思辨力。"

这样表达时,研究内容、研究要求、实践路径、实践方法和预期成果就都得以呈现。

四、前瞻引领,关注方向

由上述病例的分析与诊疗可知,课题《申报评审书》中的"主要观点",决不能是众所周知的常识,也不能是行业内形成定论、且被无数的实践印证为正确的原理、路径或方法,必须是立足于既有的教学实际之上,体现新的教学思维、教学理论、教学技法的新主张。这便要求《申报评审书》上列出的"主要观点"必须具备一定程度上的前瞻性、引领性和创新性。

一线教师的课题研究当然很难形成多大程度上的认知突破和行动突破,但至少要体现出课程改革的发展应然状态,要依照课程改革的发展需要设定研究内容、研究路径,提炼研究的主要观点。比如上面举例的"三单"和"三度语文",就都是顺应语文学科的课程改革需要而形成的探索性教学行为,其付之实施的过程,就是对语文学科新教法、新学法的探索过程。

课题"概念图在高中英语写作教学中运用的方法与技巧研究"选题贴近教学实际,具有一定程度的前瞻性。这样的课题在凝练主要观点时,重心当然应该放在不同类型的概念图在不同的写作任务中运用方法的差异之上。遗憾的是,此课题申报人撰写的"主要观点"舍弃了对课题具体研究任务中的前瞻性信息的陈述与阐释，把文字浪费在了行动意义的解析之上。且看下面的病例：

我们生活在"图"的世界中。在我们的生活和学习中，图可以说是无处不在，它以其丰富的内容含量和直观的表现形式受到了人们的青睐。如果说文字语言更侧重于逻辑表达，那么图就在直观形象上见长了。在教学中恰当使用图表，有利于学生对知识间的关系进行深入的理解和探究。概念图正是实现这种可视化学习的方法，很多这类研究都证实概念图的使用可以大幅度提高学生成绩。其为教育教学改革注入新的活力，已经开始被人们关注。它以直观形象的方式进行表达和思考，非常接近人的自然思维过程，极大地提高了人们的理解和记忆能力，对逻辑思维和创造性思维的培养都有较大的帮助。

这段文字中，其实包含了很丰厚的教学信息，可提炼出"概念图""可视化学习法""直观形象""接近人的自然思维过程""极大地提高理解和记忆能力""培养逻辑思维和创造性思维""大幅度提高学业成绩""注入教学改革新活力"等重点内容。将这些信息重新进行整合，使其形成符合表达要求的"主要观点"，便应该是"改变传统课堂的教学方式，充分利用直观形象的概念图，打造可视化学习情境，形成教学实践中最接近人的自然思维过程的认知语境，最大限度提升学生的理解和记忆能力，培养学习过程中不可或缺的逻辑思维和创造性思维"。

这样表达时，研究内容、研究要求、实践路径、实践方法和预期成果才能体现出来，课题研究的前瞻性价值才能最大限度彰显出来。

第 17 讲

如何提炼与表达课题的创新之处

前文已反复强调课题研究中的前瞻性、引领性和创新性，但多是指向课题的研究内容、研究思路和主要观点的拟写。或许是为了提醒课题申报人更多关注待研究的课题是否确有研究价值，相当数量的省份在课题《申报评审书》上单独设置了一个模块，要求申报人填写其课题的创新之处。

这一模块的内容又该如何填写？如何才能将其表达与"主要观点"区分开，真正围绕课题的创新之处进行阐释？要回答这两个问题，先要思考课题研究中的"创新"是什么，指向哪些研究方向，包含哪些研究内容。

有人将当下社会的各种创新归结为"制度创新""理论创新""模式创新""结构创新""流程创新""手段创新""性能创新""服务创新""渠道创新""品牌创新"十大类型。将课题研究带入其中进行比对，可发现课题研究中的创新，足以涵盖此十大类别。在这十类中，"制度创新""性能创新""服务创新""品牌创新"适用的课题较少，另外六类几乎适用于所有类别的课题。通常情况下，当我们谈论某个课题在理论或行为方面具有创新时，关注点往往就是该课题形成了什么样的新理论、新模式，催生了什么样的新结构、新流程，发现了什么样的新手段、新渠道。

拟写课题的创新之处时，需注意下述三方面要求。

一、分类陈述，避免含糊

在我接触到的相当数量的《申报评审书》中，"可能的创新之处"这一栏普遍存在着表达含糊的病症。要么是并未真正瞄准"创新之处"；要么是认知不到位，未能真正将创新性提炼出来，用具体的创新成果替代了相对抽象的创新性阐释；要么是罗列一堆创新的概念，却未对其进行必要的解析；要么是将多方面的"创新之处"放在一个段落中杂乱陈述，缺乏表达的条理性和精确性。凡此种种，均会影响课题的立项。

且看下面几种病例。

病例一：文不对题

1."活力—探究型"课堂模式能够点燃与激发学生与教师的双方课堂活力与生活活力，发生"师生课堂生命交汇的呈现"，实现师生课堂的教育活力与生命价值。

2."活力—探究型"教学模式在农村薄弱初中的区域推进是实现学校教育质量提高、农村薄弱学校改造、城乡区域教育均衡发展的有力措施与有效途径。

《申报评审书》列出的这两点创新之处，根本不属于课题研究内容中可能存在的创新点，而是课题研究中特定教学模式建构的意义和价值。因为此课题属于市级教育主管部门利用行政力量在全域范围内推进的教学范式变革，其真正的创新之处应归结为：

1. 立足所在地教育发展欠均衡的现状，精选不同类型的农村薄弱初中作为先期课改示范，形成相应的成果后，再借助行政力量逐步实现农村薄弱初中教学改革的全覆盖。

2. 采用双路径研究方式，推动路径由上往下，实践路径由下往上。两条路径汇集在课堂这个交汇点，共同激活学习者的学习行为和学习思维。

病例二：堆砌成果

1. 在经济基础决定上层建筑的问题研究上，系统性探究了面对1929—1933年的经济大危机，美国和德日分别走上不同道路的原因；莎士比亚的作品中主人公悲剧结局的原因；曹雪芹写出《红楼梦》的原因，等等。

2. 在社会存在决定社会意识的问题研究上，详细分析了东西方古典文明的地域差异性与东西方人性格、气质差异性的关系，以及东西方人处理国际关系的准则的差异性，典型区别是古代东方殖民主义与近代西方殖民主义的差异，并发表了相关论文。

....

这位课题申报人在此模块共填入了1500余字，均为具体的研究成果。成果中或许确实包含了创新性的内容，但具体的成果不能代替对"可能的创新之处"的归纳提炼。在语言表达上，应从具体成果中提炼出抽象意义的上位化概念，用概括性话语描述课题的创新之处。

病例三：眉毛胡子一把抓

教师评价是中小学对教师进行管理的重要组成部分，目前教育管理研究领域对教师评价的关注很多，是个"老生常谈"的话题。但不同的学校如何根据自己学校的实际情况、本校领导和教师的需求、期望来量身定制能与学校文化相融合的教师评价制度，这是个难题。而在教师评价中，评价方式又是一个重要的因素，因此，我选择"校本教师评价方式"这样一个课题来研究，试图以课题申报人所在学校为案例，构建一个以该校为本、与该校校园文化相融合、促进学校和教师发展的教师评价主体的权重系数，以给该校提供参考。在研究中，我将尝试从人种学、心理学的角度对学校领导、教师的期望、需求和态度等进行分析。

这段文字由四个长句构成。第一个长句，谈的是教师评价的日常应用情况；第二个长句，谈的是教师评价的现实困境；

第三个长句，谈的是此课题在研究内容、研究手段、研究方式上的独特之处；第四个长句，谈的是课题的研究视角和研究对象。很显然，前两个长句的内容与"可能的创新之处"无关，后两个长句内容才属于"可能的创新之处"。

将上面这段文字依照规范化表达的要求进行修订，可形成这样的表述：

1. 以课题申报人置身的学校为代表性个案，将教师评价置入特定的校园文化建设与群体性教师专业发展现状中进行分析探究。真实性和时效性强。

2. 以人种学、心理学为理论支撑，避免了调查研究中的主观性、随意性，强化了研究过程的公允性。

3. 从管理者和教师两个视角展开研究，关注不同主体对同一种行为的评价结论差异，在对比分析中探究教师评价标准拟制的应然规则，为同类型学校施行教师评价提供了较为合理的评价方案。

二、提炼精当，认知到位

有些课题《申报评审书》上填写的"可能的创新之处"虽确实围绕了课题研究中的可能的创新点展开陈述，但受限于对研究内容及研究成果的理解和预测，写出来的文字认知较为肤浅，表述也不够精当。此类问题也要注意修正。

比如下面这段文字：

本课题研究与课程文化建设、课程资源的开发使用等研究有交叉之处。其联系是：①研究的领域有一致性，都限定在学科教学领域、基础教育领域；②研究的对象有一致性，都涉及教师、学生、社会等三个方面；③研究的指向有一致性，都是为了服务于学科教学。它们又有区别：①研究的具体范围不同。之前的课题研究，其范围大多是泛学科、不具体的；本课题研究的课程文化建设、课程资源的开发使用限定在高中思想政治学科内。②研究的维度不同。之前的课题研究，侧重于理论研究或个案研究；本课题的研究旨在从理论到实践进行整体研究，侧重于教学实践、开发行动研究。③切入点不同。之前的课题研究，侧重于文化建设或课程资源的开发；本课题研究要将课程资源的开发置于课程文化建设中，使用的是有效教学资源。

课题申报人立足于此课题研究内容与相近研究的差异而提炼其"可能的创新之处"，这样的构想并无多大问题，只是在文字表述和意义呈现上有点"兜圈子"。另外，归纳出来的三个创新点，也仅仅是点出了创新的类型差异，缺乏对该类型研究内容的具体创新性的合理阐释。

如果对这段文字进行修订，可这样表达其"可能的创新之处"。

①模式创新。该选题下的绝大多数研究，大多采用泛学科的研究模式。本课题则是将研究内容限定在高中思想政治学科内，且只立足于研究课程文化建设、课程资源的开发使用这两

个点。

②手段创新。该选题下的绝大多数研究，侧重于理论研究或个案研究。本课题的研究则既关注理论建构，又关注实践活动的开展，致力于从理论和实践两方面形成并提炼共性化的认知经验和行动经验。课题研究更侧重于教学实践研究和开发行动研究。

③路径创新。该选题下的同类型课题研究，大多侧重于文化建设或课程资源的开发；本课题研究则是将课程资源的开发置于课程文化建设中，形成课程资源开发和课程文化建设的双路径，如此，原本孤立的、静态的教学资源便转换为拥有密切关系的、动态化的学习内容和学习过程本身。

经过这样的修订，表述上便突出了"创新"这一重点。文字的层次性和认知深度都得到了提升。

三、突出重点，杜绝虚夸

一线教师申报教科研课题，多是为了探究教育教学中面对的困局。受课题研究的时间、经验、迫切性等多种因素的制约，一线教师的课题研究很难真正形成完全超越既有知识结构的新发现、新方式、新技能，更无法形成对特定教育教学问题一劳永逸的解决方案。绝大多数情况下，其课题研究"可能的创新之处"只体现为突破既有的思维定式，探索课程变革中的某些新主张、新方法，在教学方式、教学方法、教学理念等方面取得一些成绩。

基于此种事实，在《申报评审书》中填写"可能的创新之处"时，必须杜绝虚夸，力求客观公允，既看到自身的研究能够带来的"可能的创新"，也不故意放大自身的研究价值。只需立足具体的研究内容、研究思路和研究的主要观点，适度推定其成果及其转换的价值意义。

如果所研究的课题属于高级别的重点课题，且参与研究的单位与个体众多，则对课题研究"可能的创新之处"的推定，就应着眼于理论建构、范式建立、体系形成等宏观领域。大投入、大规模、高层级的课题，必然应该创造出真正具有创新性的教育教学新理念、新行为、新路径、新标准。

下面这千余字的"可能的创新之处"，出自我参与研究的教育部重点课题。其对"可能的创新"的认定与表达，与其研究的内容和预期的成果大体匹配，体现出实事求是的认知态度。

立足于上述研究发现或结论，我们对普通高中课堂教学价值取向定位与实践研究成果进行了更为细化的分析，在理论创新和实践创新两个维度上分别归纳出如下创新之处：

1. 在核心概念的意义认知上，我们立足于东西方相关教育文献的研究，比较分析了德国、俄罗斯、中国、美国等不同文化背景和教育背景下国家对教学与课程间关系的不同认知，达成了"课程大于教学、教学只是课程的一个组成部分"的价值认定，将课堂教学的价值取向研究定性为课程实施的价值取向研究，且赋予该研究以整体性课程设计（包括课程内容设计、课程评价设计等）内涵。此种核心概念阐释方法，以广泛阅读为前提，以学理探究为目标，变孤立文化背景下的概念认知为动态性、立体化的内涵分析，可以为未来的课题研究提供概念界定的科学方法。

2.在文献资料的研究与运用上，我们通过对国际上课程政策的三种价值取向的总体性分析，对20世纪80年代以来美国课程改革政策的价值取向的中观分析，对课程政策的生态视角的微观分析和对部分国家课程价值取向的现实考察，寻找并发现能够服务于普通高中课堂教学价值取向定位与实践研究的各种参考信息，并在讨论中提炼出相关的教学价值取向定位准则，为普通高中课堂教学价值取向定位的十大要素的确立提供了充足的学理依据。此种研究成果的创新之处，在于多视角、多维度审视研究对象，避免了文献研究中一叶障目的认知局限。

3.在对国家基础教育政策的价值取向和相关重要教育文件中，参考课程价值取向的系统分析，我们确立了立足于时代的发展变化而探究，立足于学生的终身发展需求而探究的价值主张和实践准则，把社会主义核心价值体系有机融入课程教材中，融入普通高中学科教学中，融入普通高中课堂教学价值取向定位与实践研究中，从培养目标中的终身学习理念、适应社会需求的发展变化理念、课程实施环境建设中的主动学习理念、评价体系建构中的发展性评价理念和赋予学校合理而充分的课程自主权理念中，汲取了教学文化、教学环境建设的重要养分。从教学内容的时代性、基础性、选择性中，确立了教学目标定位、教学方法选择、教学策略运用的应有路径与章程。此种文献研究和国情研究的高度结合，为科学审视我国不同时期的教育价值取向定位起着示范引领作用。

4.在调查方式的确立与运用上，我们依照地区、类别、内容的差异性来选择调查的方法，不只关注学生的学、教师的教，而且关注学生为何而学，教师为何而教。我们将定量调查、定性调查转变为思维呈现的多元性认知分析，在承认现状的前提下，为教师和学生提供了必须思考的诸多价值取向定位问题。

5.在课堂教学价值取向的定位与实践上，我们将个案分析、定向分析和理念更新融为一体，在对发达地区学校的样本研究中，同步推介值得学习的先进方法和先进理念。我们将"课堂教学中的教育"置于取向定位十大要素之首，把"人"的成长需要置于教育的最根本位置，这对于修正长期以来因为对应试的过分关注而形成的教育理念异化和教育行为异化，具有正本清源的价值。

聪明的你一定会发现，此示例中呈现的"创新之处"，并非来自《申报评审书》。因为其表达采用的是"过去时"，而非"将来时"。在《申报评审书》中填写"可能的创新之处"时，就需要将"我们立足于……的研究，比较分析了……的不同认知，达成了……的价值认定"，表述为"我们将立足于……的研究，比较分析……的不同认知，最终达成……的价值认定"。

此示例对五项"创新"的描述，值得所有的课题研究者学习。每一个点的结构，均包含了三个部分：研究对象、研究方法及其实践应用情况概述、创新性提炼。

第 18 讲

如何设定预期研究成果

　　课题《申报评审书》设定的预期研究成果，体现着课题构想阶段的"野心"或"雄心"。此种"野心"或"雄心"，绝非自欺欺人的画饼充饥，而是目标前置的自我加压、自我激励。如果预期的成果躺在地上就可伸手取来，课题研究也就无须劳神费力。只有预期的成果必须跳起来才能摘到，且是激发出最大的潜能、跳到自身可以抵达的最高处才能摘到，才能倒逼着课题研究者在研究实践中竭尽全力。

　　为数众多的课题申报人，在构想课题研究的预期成果时，往往只关注静态化的、物质化的、显性化的内容，如调查报告、论文论著、研究报告、有代表性案例，极少关注教育科研的最终受益者（学生和教师）在课题研究与实践过程中收获的成长与进步。事实上，一切教育教学课题的价值归属，都应该指向学生的健康成长和教师的专业发展，至于发表的文章、出版的著作，获得的奖励，都不过是成长与发展的衍生品。

当我们将成长视作最重要的课题研究成果时，课题的"预期研究成果"就必然包括三个部分的内容：学生成长、教师发展、科研创新。其中，学生的成长和教师的发展通常很难量化，难以在《申报评审书》中列出具体的项目，容易被忽视。

一、如何预设课题的研究成果

《全国教育科学规划课题申请书》中，"预期成果"被限定为"公开发表的专著或研究论文"。"申请书"中的"填写数据表注意事项"对此模块的内容填写做出了详细规定，比如将成果区分为七大类，并为每一类设定数字代码：

A.专著　B.译著　C.研究论文　D.研究报告　E.工具书　F.电脑软件　G.其他

表格及相关要求如下：

序　号	完成时间	最终成果名称	成果形式	负责人
1				
2				
3				
4				
5				
⋮				
n				

注：

1.国家一般课题应在国家一级出版社出版专著1部，并且在

CSSCI 期刊上发表3篇系列论文。

2. 国家青年基金课题应在国家一级出版社出版专著1部，并且在CSSCI 期刊上发表2篇系列论文。

3. 教育部重点课题应出版学术专著1部，或者在北京大学图书馆版核心期刊上发表3篇系列论文。

4. 教育部青年专项课题应出版专著1部，或者在北京大学图书馆版核心期刊上发表2篇系列论文。

与国家级课题相比，省级规划课题对研究成果的要求降低了很多。比如江苏省教育科学规划领导小组办公室制作的《申报评审书》中，"填报说明"就未涉及"预期成果"，此模块的表格下也未做任何补充性注释。

表格如下：

	成果名称	成果形式	完成时间
阶段成果（限5项）			
最终成果（限3项）			

比较这两份课题申报表，可以发现当下的课题研究在成果呈现方面存在着一定欠缺，过分重视论文论著，无视了"人"这一根本需求。形成此种欠缺的原因很多，便于量化固然是一

个方面，更重要的因素是长期以来的教育评价出现的偏差，论文至上，将教育科研等同于论文写作。

只是，人皆生活于现实之中。既然准备申报课题，就只能依照评审者的要求提供相应内容。从《申报评审书》中呈现的信息来看，预设的研究成果既然以论文论著为主，基础教育阶段的一线普通教师又很难出版学术专著，也就只能预设成果研究中可能发表的论文。

预设教学论文时，需对照课题的研究内容、主要观点和可能的创新之处，有针对性地设定论文的选题。

比如，我在《基于"主体实践性阅读"理念的"三度"语文研究与实践》课题中预设的研究成果，就是围绕课题内容中的不同子项目展开。

	成果名称	成果形式	完成时间	负责人
阶段成果（限5项）	相应子课题课堂教学实录	课堂实录	2014.09	刘祥
	《主体实践性阅读中的"人"的视角确立》	论文	2013.12	刘祥
	《高三语文教学误区诊疗》	论文	2014.06	刘祥
	《高一语文教学中的"三度"构建》	论文	2014.12	刘祥
	《诗歌教学中的温度、宽度与深度》	论文	2015.07	刘祥

续表

	成果名称	成果形式	完成时间	负责人
最终成果（限3项）	文学类文本教学系列论文	论文	2016.12	刘祥
	古诗文教学系列论文	论文	2016.12	刘祥
	《刘祥教语文》	论著	2017.09	刘祥

此种预设可作为后期真实性研究的目标或指南。当该课题的研究真正具体实践时，我便依照这样的构想一边实践一边写相应的论文。在课题研究的三年多时间内，我实际发表的论文远超表格中的八项。具体如下：

论文论著	期刊或出版社名称	出版日期
《中学语文经典文本解读》	中国轻工业出版社	2013.07
《有滋有味教语文》	华东师范大学出版社	2017.05
《追寻目中有"人"的文本研读》	《中学语文教学参考》	2013.03 期
《〈项脊轩志〉抒情方式解读》	《语文建设》	2013.05 期
《情智落差与课堂三"度"》	《中学语文》	2014.02 期
《文学鉴赏题复习中的"忌"与"宜"》	《中学语文》	2014.07 期
《选修课的功能定位》	《语文教学通讯》	2014.09 期

续表

论文论著	期刊或出版社名称	出版日期
《选修课的教学策略》	《语文教学通讯》	2014.10 期
《选修课的能力培养策略》	《语文教学通讯》	2014.11 期
《选修课的评价策略》	《语文教学通讯》	2014.12 期
《还原语文教学的"育人"属性》	《人民教育》	2014.23 期
《身份，走进主题的名片》	《中学语文》	2015.09 期
《关键词，打开真相之门的钥匙》	《中学语文》	2015.11 期
《问题串，走向深度阅读的必由之路》	《中学语文》	2015.12 期
《编者意义，让语文成为语文》	《中学语文》	2016.01 期
《文言教学中的取舍之道》	《中学语文》	2016.07 期
《诵读，永不过时的学习法》	《教育研究与评论》	2016.08 期
《造境，搭建情感互通的桥梁》	《教育研究与评论》	2016.09 期
《细读，感知文字背后的意义》	《教育研究与评论》	2016.10 期
《教出文言文的宽度、深度与温度》	《中学语文教学参考》	2016.11 期
《重构，寻觅完整的精神家园》	《教育研究与评论》	2016.11 期
《去蔽，用自己的灵魂体察》	《教育研究与评论》	2016.12 期
《文言教学中的问题情境创设》	《中学语文》	2016.12 期

续表

论文论著	期刊或出版社名称	出版日期
《文言教学中的读者意义建构》	《中学语文》	2017.01期
《语文教学的角色区分与教师功能定位》	《教育研究与评论》	2017.04期

这些公开出版的著作和公开发表的论文，均来自课题研究中的思考、发现与实践。当一项课题确实转换为扎实的教学科研行动时，能够收获的成果就一定会超过《申报评审书》中预设的这有限的几项。

二、成果预设中的误区与修正

尽管"预期研究成果"在《申报评审书》中被限定为论文论著或研究报告，但不代表随意编造几个论文标题，便足以代表该课题的研究成果。课题的"预期研究成果"与结题时呈现出的具体研究成果，或许在论文的题目、内容、认知取向等多个方面存在着差异，但有一点必须注意，"预期研究成果"中填入的论文或论著题目，一定要能够呈现出课题研究成果的特征，决不能游离于课题的选题之外。比如上面我预设的《基于"主体实践性阅读"理念的"三度"语文研究与实践》研究成果，和实际取得的研究成果，都必须紧扣"主体实践性阅读"和"三度"语文研究这两个关键点，至于我出版的该课题研究期内的另一部专著《重构教师思维》，就与该课题的研究内容无紧密关系，不构成该课题的研究成果。

课题申报者在填写课题的"预期研究成果"时，容易出现这样一些错误。

1. 表述过于笼统，未能体现课题的研究对象、研究内容。如下表：

	成果名称	成果形式	完成时间	负责人
阶段成果（限5项）	《高中历史新课程必修一》案例	个案集		
	《高中历史新课程必修二》案例	个案集		
	《高中历史新课程必修三》案例	个案集		
	《高中历史新课程选修一至六》案例	个案集		
	各子课题组阶段研究报告	研究报告		
最终成果（限3项）	《高中历史新课程》案例	个案集		
	各阶段发表的论文、研究报告	论文、报告		

此课题题为"高中历史新课程教学过程中创设'另类问题'情境以解决疑难问题的个案研究"，预设的各项成果却没有一个能够体现"创设'另类问题'情境以解决疑难问题"这一核

心研究内容。从课题研究的预设对象和内容而言，填入表格的第一项"阶段成果"，应描述为"《高中历史新课程必修一》各教学课时中的'另类问题'情境创设个案汇编"。此后的几项也需要如此表达。"最终成果"中的"各阶段发表的论文、研究报告"，也应表述为"各研究阶段围绕创设'另类问题'情境以解决疑难问题的探究与实践发表的相关论文、形成的研究报告"。

指出这些问题之后，课题申报人对此模块进行了彻底修订，形成了相对规范的表达。见下表：

	成果名称	成果形式	完成时间	负责人
阶段成果（限5项）	《学生认知结构中历史学科内的本问题知识以前的所学知识背景情境的创设》案例	个案集		
	《学生认知结构中的自然科学知识背景情境的创设》案例	个案集		
	《学生认知结构中的生活知识背景情境的创设》案例	个案集		
	各子课题组阶段研究报告	研究报告		
最终成果（限3项）	《高中历史新课程教学过程中创设"另类问题"情境以解决疑难问题的个案研究》	专著		

续表

	成果名称	成果形式	完成时间	负责人
最终成果（限3项）	围绕创设"另类问题"情境以解决疑难问题的探究与实践发表的相关论文、形成的研究报告	论文、报告		

2. 预设成果无梯度，无法体现课题研究的渐进特征。如下表：

	成果名称	成果形式	完成时间	负责人
阶段成果（限5项）	课题研究实验方案	研究方案		
	高级中学多媒体教学手段在体育教学中运用的现状调查	调查表统计表		
	多媒体教学手段在体育课教学中运用的理论研究	论文		
	制作多媒体体育教学课件程序研究	论文		
	高级中学体育教学运用多媒体教学手段的可行性研究	论文		
最终成果（限3项）	体育学科主要教材的课件个案研究	现场教学		

续表

	成果名称	成果形式	完成时间	负责人
最终成果（限3项）	多媒体教学手段在高级中学体育教学中的运用策略	论文		
	研究报告	论文		

课题申报者预设的五项阶段性成果中，处于第五位的"可行性研究"显然不合逻辑。如果不具备"可行性"，此课题又有什么价值，又如何能够立项并运行到近于结题才进行"可行性研究"？同样，作为"最终成果"的"运用策略"也明显滞后。从教学常识而言，对任意一种教学法的探究，必然最先分析其可行性，然后研究其运用策略、运用技法，最后形成一系列的教学案例和建立在案例分析基础上的教学理论。

3.预设的成果缺乏可复制性，没有实用价值。如下表：

	成果名称	成果形式	完成时间	负责人
阶段成果（限5项）	课题方案的研究	研究方案		
	对我市学生课外体育锻炼方式的现状调查与分析	论文		
	以俱乐部活动模式指导学生课外体育锻炼的可行性研究	论文		

续表

	成果名称	成果形式	完成时间	负责人
阶段成果（限5项）	学生课外体育锻炼方式与终身体育关系的研究	论文		
	课外体育锻炼方式影响学生自我发展的理论分析	论文		
最终成果（限3项）	建立社会、学校、家庭、学生课外体育锻炼网络一体化的可行性研究	论文		
	研究报告	论文报告		

此申报课题拟研究的内容为"学生课外体育锻炼方式的指导",但其预设的研究成果却只是调查报告、可行性分析、理论分析、不同类型体育锻炼方式的关系研究。这些研究固然存在一定程度的价值,却无法形成具体的"课外体育锻炼"的实践性行为。

依照该申报课题的预设研究内容,课题的预期研究成果应聚焦于"课外体育锻炼方式指导"的技法、流程、手段、环境、时间等具体要素,通过系统性研究,形成能够转化为具体的课外体育锻炼的行动的相应理论。毕竟,可行性论证无论多么充分,不能转换为具体的行动,就是一纸空文。

三、预设的成果如何才能转化为正式发表的论文

在《申报评审书》上预设的研究成果，如何才能转换为正式发表的教学论文呢？这个问题的关键之处，在于是否开展真正的课题研究。只有开展了真正的研究，既立足于具体的教育教学实践总结经验，提升能力，又在研究过程中持续增加理论学习的力度，不断拓展认知思维的宽度与深度，才能打通理论和实践这两条研究路径，步入理论与实践的融通之境，最终依照预设的研究内容，探索出具有一定创新性的新主张或新方法，发表高质量的研究论文。

具体而言，需做好五件事。

1.在课题申报阶段，就立足于真实性的教学问题选定研究项目，然后在长时间的课题研究过程中，始终抓住这一项目进行多方面的探索，不断积累相关理论，不断丰富实践经验。

2.勇于舍弃既往认知与经验，用接触到的新理论来引导，开展教学上的新探索。

3.了解自身的短板与强项，将课题研究的重心落在强项上，而非短板上。课题研究固然可以用来修补短板，但成果的凝练却未必需要从修补短板的行动中诞生。对于基础教育阶段的一线教学人员而言，大多数人的短板是教育理论与教育策略，强项是教学实践。

4.避免论文写作中的求大求全。要善于将课题依照预设的研究内容进行任务分解，尽量选择小切口进行纵深化探究。比如上面表格中列举的《基于"主体实践性阅读"理念的"三度

语文研究与实践》课题研究成果，其发表的论文中的绝大多数，都采用了小切口的方式，如古典诗歌教学中的五篇论文，就分别围绕诵读、造境、细读、重构、去蔽五个研究点展开微专题式研究，并最终形成了论文。

5.依照论文写作的应有形式进行创作，投稿时也要注意研究不同期刊的用稿风格，根据不同期刊的不同风格投寄不同的论文。

第 19 讲

如何开展真正的课题研究

了解课题《申报评审书》各模块的填写要求，只是课题研究的第一步。走稳了第一步之后，接下来的事儿，就是若干年的探索与实践。一项课题的研究要想真正有收获，务必拥有理论认知和行为实践的双向突破。

如何才能在教学实践中开展真正的课题研究呢？下面四点要求至关重要。

从价值取向而言，课题研究应侧重于解决教育教学中的"真问题"。当然，此处所说的"真问题"，必须符合教育教学的发展规律，跟得上教育教学改革的步伐，一定程度上具有超前性。比如最近几年的课题研究，就应该围绕大单元整体教学、真实性问题情境下的任务群学习、学科大概念、项目化学习、跨学科学习等研究项目展开系统性探究，只有将这些问题梳理清楚，课堂教学才不会"穿新鞋，走老路"，"让学习真正发生"才能变为现实。

从研究内容而言，课题研究应追求"小切口"和"深探究"。"小切口"说的是确立的研究内容不要过于宏大，应将宏大主题分解为若干个小的项目，一个阶段攻克一个小项目。这样的课题研究针对性强，从实践操作到理论建构都有具体抓手。"深探究"说的是研究过程中要坚持深度思考与深度实践，真正进入事理的内核品鉴与应用之中。"深"既需要学理的支撑，又需要时间的投入。

从研究方法而言，课题研究应以"田野实践"为根本。一线教师固然需要研讨一些教育教学理论，但比理论更重要的是将理论转换为具体的教育教学行动。从这一点出发，一线教师的课题研究应始终围绕教育教学的实践性活动展开，具体探究教与学双方的各类问题。这样的探究不能纸上谈兵，必须建立在真实的课堂实践基础之上。也就是说，在研究中提出了一种构想，就需要在实践中验证其可行性，然后形成一定的研究成果，切不可"思而不行"或"行而不思"。

从研究成果而言，课题研究应更多关注教育教学的实效性。既然课题研究的目的在于解决教育教学中的"真问题"，其成果检验当然就在于这些"真问题"是否得到了有效探究和解决。如何确立课题研究的实效性呢？其标准不是考试成绩，不是相关课题评审机构设定的那一套规则与标准，而是国家课程方案，是学生综合素养的全面落实，是教师自身专业技能的全面提升。最直观的呈现，就是通过长时间的课题研究，让学生爱上研究者所教的这门学科，让研究者在研究中不断拓展思维的宽度和深度，不断提升教育教学水平。

一、依照规划行事，分项按时落实

现实的教学生活中，相当数量的课题申报人缺乏依照《申报评审书》中预设的各种研究计划有序开展课题研究的自觉意识，往往是一旦立项便按下了研究的暂停键，只在需要提交各种年检材料时才短暂启动。这样的课题便缺乏了真正的研究。真正的课题研究一定建立在常态性运作的基础之上，甚至每一天每一节课都在践行课题研究的相关主张。

在课题的具体研究过程中，需逐步落实这样一些工作。

1.逐步完善对研究对象的理论认知，进而逐步建构属于该研究对象的特定理论。人非生而知之，只有不断学习，才能不断进步。当课题组刚刚开展研究时，其接触到的相关理论往往是碎片化的、孤立的、静止的。随着研究的日渐具体、日渐深入，理论便能够和实践逐步融合，最终形成只属于研究对象的特定理论结构。在此过程中，唯有不断强化理论学习，不断更新研究者大脑中的知识结构，才能保证课题研究在正确的轨道上健康运行。

校园生活中，有一些教师热爱课堂教学，其课堂也在一定程度上体现出新颖性和独创性，但他们的理论认知却跟不上课程改革的步伐，最终也就无法形成真正的专业发展。以课题为载体的教学研究，是建立在特定教育教学理论基础上的实践性行动，而非教学者自得其乐的自由式表演。课题研究者必须在持久的理论学习中牢固确立课程意识、课改意识，才能确保课题研究不发生偏差。

2.采用"先局部突破、后整体推进"的方法,避免课题研究的虚空和"走过场"。基础教育领域的一线研究课题,大多以具体的教学技法为研究对象。完成此方面的系统性技能开发时,需先"易"后"难",先"点"后"面",先"具体"后"抽象"。比如要探索某一种教学内容的模式化教学流程,就需要先探究教材中知识信息的教学技法,然后探究其迁移拓展技法,再探究此内容与日常生活的关联技法,最后归纳提炼,形成相对固化的结构形式。"三度"语文的"走进文本—走进作者—走进生活—走进文化—走进心灵"的"五走进"教学流程,就是依照这样的研究路径一步步建立起来的。在形成了此种固化的教学模式之后,我又在后期研究中注入新的理论,提炼出了"知识在场,技能在场,生命在场"的教学主张。

3.经常性开展调查研究,从学生、非课题研究教师、课题研究者等不同对象中获取相应信息,为课题研究积累第一手资料。课题研究最忌闭门造车,唯有关注现实教学中的真问题,才能收获真成果。以当下的课程改革为例,几乎所有的教师都接触到了"学科大概念""大单元教学""真实性问题情境"这些概念,却又不能真正理解这些概念,更无法在具体的教学中灵活应用这些概念。如此,这些概念指向的教学行为,就最具备课题研究的价值,也最容易形成可转换为教学论文的研究成果。

4.如非必要,不轻易调整预设的研究内容、研究重点。受多方面因素的制约,一线教师的课题研究往往具有较强的随意性,并不依照《申报评审书》中的预设内容展开,这是一种不好的研究行为。填入《申报评审书》中的内容，通常经过了多次讨论和修订，又经历了专家论证，相对而言拥有了较为完善的研究体系。在具体的研究中落实此体系化内容时，不能偷工减料、见异思迁，除非的确有新的思考、新的发现。

5.聚焦研究过程中的创新性元素，将课题研究做成对新问题的创新性探索，而非对既有教育教学行为的验证。课题研究最忌讳"穿新鞋，走老路"，有些教师虽在申报材料上堆砌了若干文献与理论，但在实际行动中毫无新意，完全依靠旧经验应对常规教学。任何时候都必须牢记，课题研究不是纸上的钻研，而是切实可行的实验。此种实验要勇于挑战一些难题，勇于摸索一些值得尝试的项目。

我在"主体实践性阅读"这个课题的研究之初，就喜欢在家常课上逐步应用"五走进"的流程组织学习活动。我在2006—2008年这三年间发表的几个课堂实录，都是来自日常教学。此种远离公开课、展示课或竞赛课的常态课，才真正有利于践行课程改革的相应主张。正是借助于这些家常课，我逐步摸索出"拓展思维深度"的创新性教学技法。2008年，我阅读到《后现代课程观》和《语文科课程论基础》这两部著作，开始确立语文学科的课程意识，意识到单纯追求"拓展思维深度"的潜在风险，于是开始确立"丈量文本宽度"的课程主张。我在语文教学上取得的每一次认知突破，都建立在对教学新思考、新发现的自觉性实践的基础之上，也体现出思维认知的层进式特征。

二、全员全程参与，定期交流修正

基础教育阶段的省市级立项课题，当其主持人只是普通一线教师时，其课题申报与研究往往只是个体行为。《申报评审书》中的课题组核心成员，在课题研究之初通常并不了解课题研究中的各项预设内容，甚至不知晓自己已经进入了课题组。绝大多数情况下，课题主持人总是在课题正式立项后，才会告知核心成员。

形成此种状况的原因有二：一是课题立项的不确定性，二是缺乏真正意义上的志同道合者。"不确定性"致使课题申报人在"八字未见一撇"时不愿意"招兵买马"，担心沦为笑柄；"缺乏真正意义上的志同道合者"致使课题申报人在完成课题申报的各项工作时只能单枪匹马地作战，无法形成真正意义上的核心团队。

但无论何种原因，课题正式立项之后，课题主持人都必须力戒"个人奋斗"，务必"全民参战"。

"全民参战"的第一步，是开好课题组的定期例会，尤其是第一次会议。在第一次会议上，课题主持人一定要带领全体成员认真解读《申报评审书》中的各项条款，对研究内容、研究重点、研究路径、研究方法、研究序时进度形成相对清晰的认知。在此基础上，组织课题组成员依照各自的兴趣与经验选择研究内容，明确责任分工及序时进度。如果有少量成员对本课题研究缺乏兴趣，要允许其退出，再补充新成员。请注意，课题组成员自行挑选的研究内容，与《申报评审书》上预设的研究内容注定存在着差异，应以课题组成员的选择为主，切勿拘泥于《申报评审书》上的安排。

整个研究期的定期例会，应尽量每月举行一次。每次例会，每一位核心成员都需要汇报研究进度和取得的研究成果。例会的间隔时间不宜过长，间隔时间过长则容易滋生懈怠，不利于序时进度的有效落实，更不利于激活核心成员的研究热情。现实的基础教育阶段课题研究中，很多课题组极少开展定期例会活动，也就缺少了必要的监督与鞭策，导致大多数核心成员只成为"挂名者"而非"研究者"。

每次例会时，课题主持人还应带领团队学习一些新的教育教学理论，尤其是与课题研究内容紧密相关的各种理论。以高中语文教学法研究为例，几乎每个月都会出现新的主张和新的实践，唯有不断接触并理解这些新主张和新实践，才能让课题研究跟得上课程改革的发展步伐。

例会要有活动记录。这些记录，属于课题研究中极为重要的过程性资料。

另外，一个课题组最好能够设立一个微信公众号，及时报道每次例会的活动情况，同时持续推进课题组取得的各类阶段性研究成果。这些同样属于课题研究中极为重要的过程性资料。

"全民参战"的第二步，是"八仙过海，各显神通"。一个课题组，必须有人负责理论建构，有人负责案例研发，有人负责资料整理，有人负责活动开展。通常情况下，课题主持人应侧重于本课题的理论建构，其他成员则根据其综合素养分担其他任务。课题研究的真正开展，必须建立在"人人有任务，时时有任务"的前提之下。要将案例研发、资料整理和活动开展落实到日常的教育教学行动之中，成为常态性行为。

"全民参战"的第三步，是"全员展示，合作交流"。基础教育阶段的课题研究，只有转化为具体的教育教学行为，才具有真正的研究价值。如何才能体现出课题的研究价值呢？这便需要展示，要将研究成果实践化。课题组在研究进入中期之后，就需要与所在学校的教务部门联系，有意识地开展汇报展示活动。课题主持人和核心成员要勇于开展主题讲座或其他类型的主题活动。通过活动积累经验、发现短板，为下一阶段的研究确立方向。

课题组还要创造条件组织全体成员参加各种形式的合作交流活动，可借助教育主管部门的专题培训拓展眼界，可与当地的名师工作室合作开展对话交流，可与主题相近的其他课题组开展联合课题研修活动。开展这些活动，既可以强化课题研究者的身份认同，又可以开拓视野，提升能力。

三、理论实践并重，注重案例开发

基础教育阶段的课题研究，较多指向具体的教育教学行为，较少探究现实的教育教学行为背后蕴藏的丰富理论。此种现象在实际的课题研究活动中的表现，就是为数众多的课题组在开展课题研究活动时，往往过多关注课堂教学中各种技巧的应用，较少钻研相应的教学技巧与教学内容的课程价值落实间的学理关联，更少探求并凝练出只属于自身课题的独特教学主张或教学理论。

要想在课题研究中形成真正独特的经验与理论，就必须坚持理论与实践并重。倘若课题本身就是建立在某种特定的教育教学理论的基础之上，比如《基于OBE理念的中学英语混合式教学实践研究》《基于增值评价的初中数学单元作业整体设计研究》《境脉视域下生物学单元作业设计的实践研究》，便应该对"OBE理念""增值评价""境脉视域"等理论展开较为充分的探究，既厘清其基本主张、核心理念、内在原理、适用范围、应用策略等宏观信息，又深入探讨该理论与研究对象、研究内容间的学理联系。在此基础上，有步骤地对"中学英语混合式教学""初中数学单元作业整体设计""生物学单元作业设计"进行中观以及微观层面的方法与技巧探究。在具体的研究过程中，课题组一方面要不断开发"基于OBE理念的中学英语混合式教学实践案例""基于增值评价的初中数学单元作业整体设计案例""境脉视域下生物学单元作业设计案例"，另一方面要努力建构只属于课题组的"基于OBE理念的中学英语混合式教学理论""基于增值评价的初中数学单元作业整体设计理论""境脉视域下生物学单元作业设计理论"。这些理论未必需要形成洋洋数十万字的专业论著，但至少应该形成一篇足以自圆其说的学理阐释的论文。

如果课题本身并未确立起某种核心理论，而是在宏观课程结构框架下划设出一个微观研究内容，则该研究便应该先致力于对现行的国家课程方案和具体的学科课程标准的深度探究，然后依照现行的国家课程方案和具体的学科课程标准裁定具体的课题研究内容。在此研究过程中，必须避免既有认知经验的"绑架"，谨防旧经验对新内容的强势"入侵"。此外，寻找必要的理论支撑依旧极为重要，课题研究者一定要研读与课题内容相关的理论著作，并将研读中的思考与发现带入自身的课题研究之中，用以修正旧经验中存在的认知偏差，矫正课题研究中的各种瑕疵。

比如，在我们成功申报江苏省第十五期教学研究课题《高中语文大单元视域下单篇选文的任务定位与教学施策研究》之后，我们课题组便研读了这样一些理论著作：《普通高中课程方案》《普通高中语文课程标准》《为未知而教，为未来而学》《以概念为本的课程与教学：培养核心素养的绝佳实践》《真实性学习：如何设计体验式、情境式、主动式的学习课堂》《深度学习：批判性思维与自主性探究式学习》，等等。之所以要研读这些作品，是因为不研究便不明白什么才是真正的大单元教学，不明白什么才是学科大概念和真实性问题情境，不明白"用教材教"和"教教材"到底存在多大程度的差异。如果这三方面的"不明白"未能得到真正的解决，则"单篇选文的任务定位与教学"便极容易陷入旧经验的泥淖，割裂了"大单元"与单篇选文的领属关系，致使语文教学继续沿着"教教材"的老路"少慢差费"地行走。

而在解决了此三方面的"不明白"之后，课题组成员再次审视各素养单元的单篇选文时，见到的就是构成"大单元"这一"学习事件"、这一"微课程"的组件材料。此时，一个学习单元内的任意一篇课文，都不过是构成该单元各类语文素养的"原产品"。组织教学活动时，只需将能够满足此单元语文要素的那些信息提炼出来，引导学生分析鉴别，形成相应的认知，便完成了学习任务。至于这些单篇选文中其他的各类信息，便一概舍弃。

如何才能让我们的研究具有现实的教学价值呢？我们可以在研究中开发出一些经典的案例，并将其发表到相应的期刊上。同时，我们还可以从具体的案例研究中提炼认知经验，形成学理阐释的论文与论著，成体系地解析"高中语文大单元视域下单篇选文的任务定位与教学"研究中的若干问题。当我们坚持理论研究和实践案例开发同步推进时，理论指导了我们的实践，实践又催生了属于我们课题的独特理论，课题研究便一步步走向了理性，走向了丰厚。

四、强化过程管理，服务课改需要

由相关主管部门立项并管理的基础教育阶段的各类课题，多以三年为一个研究周期。

如果切实依照《申报评审书》预设的各项研究内容和序时进度展开研究，则三年间的每一个月甚至每一天都应该拥有不同的探索和不同的发现。遗憾的是，绝大多数的课题组并不会完全遵循《申报评审书》中的构想开展现实中的研究活动，往往只是"跟着感觉走"，"或冷或热"地对待相应的研究任务。更严重的是，三年的课题研究期内，一定数量的课题组核心成员甚至有两年多时间根本不参与课题研究，仅在结题时拼凑一些材料，换来结题证书上的一席之地。

此种已然常态化的"非常态"课题研究现状，显然背离了中小学课题研究的根本原则。要想杜绝此种荒诞，就必须强化课题研究的过程管理，要将研究内容细化至每一位核心成员，形成"人人有任务，时时有任务"的约束机制。人皆有惰性，更何况中小学教师普遍陷入琐屑事务的包围之中，如果约束与督促跟不上，研究必然成为空谈。当然，形成约束与督促的前提，是课题主持人自身的坚持不懈。课题主持人只有将课题研究的内容视作一个特定时间段内专业发展的若干级台阶，才会沿着这些台阶一步步走下去。

在课题立项至结题的三年间，课题主持人和核心成员如何才能稳步推进课题研究行动并不断收获研究成果呢？他们至少应注意这样一些问题。

其一，本着"先易后难""先具体后抽象"的研究原则，在课题研究的第一个年份，多开发高质量的教育教学案例。课题组所有成员均需每学期至少开展一次与课题研究内容紧密相关的专题性教育教学研讨活动，如执教一节探索课，开设一次主题汇报，组织一次团队活动。活动之后要形成文字，或整理出课堂实录，或写活动反思，或进行案例分析。这些文字，要落实到课题组全体成员，每个人都要根据活动中的不同身份选择性完成至少一项的文字任务。课题主持人要加强督促，要让每一次活动都成为推进课题研究的重要一环。

其二，在课题研究的第二年，要致力于凝练课题的理论成果。自课题主持人起，课题组所有成员均要根据各自的分工，用一年时间精心打磨至少两篇研究论文。这两篇论文，上下半年各一篇，必须针对承担的研究任务展开。为了避免懈怠，课题主持人可每两个月收集一次论文，提出意见或建议。优秀的研究成果要推荐发表。

其三，在整个研究过程中，必须关注课程改革发展的新动态和新成果，在"预设"的基础上更多探究"临时生成"的新内容。申报立项的所有课题，都无法精准预测三年间的教育教学发展状态。教育教学也绝不会三年间踏步不前。如此，课题研究就必须不断补充、不断吸纳、不断修正、不断完善。相应的研究任务也就面临着一定调整。课题主持人一定要善于带领团队研究新理论、新主张、新方法，唯有如此，课题研究才更有现实价值。

其四，基础教育阶段的课题研究，始终绕不过学生这一主体。课题研究各阶段都要注意学情研究，要以学情变化为依托审视并修正研究内容和研究方法。有些课题，如以教学法研究为主题的课题，还应该让学生知晓其研究内容，把学生纳入课题组，从学生的视角观察、思考与发现。

其五，在课题研究的最后一年，要侧重于盘点课题研究中的得与失，既为最终的结题报告积累素材，又为申报下一个研究课题寻觅突破口。课题研究切勿做成一锤子买卖，要尽量将其形成体系。

五、基于真实诉求，坚持长线研究

前文说过，基础教育阶段的课题研究，终极价值在于促进教师的专业发展。既然研究的最终受益者是研究者本人，那么，课题研究就应该成为一种工作常态，成为教育教学工作的一部分，而不是割裂于具体教育教学工作之外的另一件事。

只有三年研究期限的省市课题显然无法满足常态性研究的需求，课题研究要想真正成就教师，就必须做成长线，做成体系，成为个体的自觉行动。

以我自身的课题研究之路为例。2004年，我有感于彼时的课程改革倡导的"自主、合作、探究"的教学主张，结合自身前十八年的教学经验，开始在日常教学活动中践行一种被我命名为"主体实践性阅读"的新型教学模式。一开始，我并没有想着依照省市规划课题的申报模板设计我的研究内容，而是立足于自身的研究兴趣和实际教学需要，计划从文本资源开发、教师功能定位、课堂模式构建、学生自主意识培养、现代文教学、文言教学、诗歌教学、作文教学等教学活动的不同角度入手，努力构建不同文本、不同课型、不同主体条件下的规范性实践模式。

我的研究以课堂实践为起点，通常是先形成一些相对零散的思考，逐一在教学中践行，然后经过反思和提炼，形成较为系统的、有一定可操作性的经验，最后用文字记录下来。这一阶段，我陆续整理并发表了《主体实践性阅读条件下文本资源的开发》《语文课改中民族精神的张扬与颠覆》《"人一本"

对话：一个期待公允的阐释》等研究成果。

2006年，我在大量阅读报刊和网络上的众多课堂实录时，发现相当数量的课堂虽注重学习者思维的开启，但明显存在脱离语文文本而过度迁移的病症。于是，我将研究重心落实到"主体实践性阅读的教师功能定位"之上，一方面致力于理论建构，另一方面致力于教学案例的开发。这一年，我的课堂实录《战争与和平》被《人民教育》全文发表，教学反思《如何让学生与战争文学相遇》亦发表在《人民教育》。课堂实录《行走在长满苇草的堤岸》和教学反思《多层追问，搭建自主、合作、探究式学习的平台》也被教学著作《好课是这样炼成的》收录。

2008年，我接触到王荣生教授的《语文科课程论基础》。这部理论专著给我带来了极大的思维冲击，逼迫着我不得不系统性反思此前四年的专题性语文研究与实践行为。利用主持《河南教育》"教学多棱镜"专栏的契机，我策划了20余次的专题对话，邀请全国各地名师共研中小学学科教学各方面的问题。在相对系统的对话中，我逐步确立起"丈量文本的宽度，营造课堂的温度，拓展思维的深度"的教学新认知，用以丰富和完善"主体实践性阅读"的研究成果。同时，我还将研究成果转化为文章，陆续发表了《语文教学，呼唤教材体系化》《文本价值最大化与语文有效教学》《语文教学中的"隐"与"显"》《文本课程价值与课堂教学体系化研究》《网络环境下的语文课教学构想》等系列论文。

2012年，我依托8年间的体系化研究成果，整理出一部系统呈现我的教学主张的理论著作。这部后来被教育科学出版社命名为《追寻语文的"三度"》的语文学科教学专著,是该社"新生代语文名师·立场书系"最初推出的三部作品之一。在这部作品中,我将"主体实践性阅读"和语文教学中的"三度"主张联系在一起,初步形成了"三度语文"的新理念。

2017年,又一轮课程改革迅速推进,整本书阅读教学、任务群教学、大情境、大单元、大任务、大概念、跨学科学习等概念层出不穷,既往的"三度语文"主张遭遇到前所未有的挑战。面对新任务、新要求,我开始致力于主体实践性阅读背景下"三度语文"的深度研究,将"丈量文本的宽度"和大单元学习、跨学科学习,以及任务群阅读、整本书阅读相结合,将"营造课堂的温度"和大情境、大任务相结合,将"拓展思维的深度"和跨媒介阅读、跨学科学习相结合。2017年至2022年的6年间,我将研究成果整理成多部著作,先后出版了《有滋有味教语文》《中学整本书阅读教学设计》《经典文本解读与教学密码》《高中语文新课创意解读与教学设计》等作品。

由我的这份课题研究履历可以发现,一线教学中真正需要拥有的,是目标明确且贴近实际的常态性教科研行动。能够将这样的研究变成教育行政机关认同的规划课题或者教学研究课题固然可喜,暂时未能立项也不妨碍先把研究做起来,边做边申请。毕竟,课题研究的终极价值在于服务教学、提升自我。任何一位基础教育领域中的一线教师,只要愿意如我一般将一项课题钻研20年,我相信一定会不断突破自我的认知局限,不断接近教育教学的澄明之境。

第 20 讲

如何结题

以三年为一个研究周期的省市级立项课题,在最后半年的研究期内应该依照序时进度完成结题的各项准备工作,然后由所在学校教科研部门向相关机构(通常是县市教科所)提出结题申请,由省市课题管理机构组织相应人员开展结题论证,最终完成课题的结题工作。现场举行课题结题论证时,至少需要提供一式数份的《结题论证书》(或《成果鉴定书》)和《成果报告》,以及装订成册的课题研究的各类过程性佐证材料和具体的研究成果。课题主持人或指定的核心成员要在论证现场宣读《成果报告》并接受验收专家的问询或质疑。

受多种因素的影响,当下的基础教育阶段的课题管理普遍存在"立项难,结题易"的缺陷。由一线教师担任主持人的任何一项市级或省级课题,只要能够在正规学术期刊上发表不少于一篇的主题研究论文,同时能够呈现出一定量的过程性资料,能够依照要求写出并表达出课题的"研究成果",便大体上能够顺利结题。至于学校层面或者更高行政级别层面上的重点研究课题，则需要提供更多的过程性资料和媒体的宣传报道资料。比如我参与研究的教育部重点课题《普通高中课堂教学价值取向的定位与实践研究》，就举行过十余次的省级专题研修活动，每次活动都安排数十位教师开设各学科的展示课和主题讲座，每次活动都印制详细的活动会案，都有媒体宣传。而我参与研究的江苏省重点资助课题《县域农村薄弱初中"活力—探究型"课堂学习模式研究》，也举行过多场次的教学展示活动，举办过面向全省的开放日活动，召开过有多名高校教授参与讨论的主题沙龙活动。《中国教育报》等媒体也都对该课题的研究与推广进行过专题报道。

着手课题的结题工作时，需做好下面三件事。

一、盘点研究全程的得与失，认真填写课题《结题论证书》

《结题论证书》（或《成果鉴定书》）是对研究成果最精练的提要，其构成通常包括四大部分：课题组主持人以及核心成员名单，成果简要说明，成果的理论与实践价值概述（包含成果的社会效益），鉴定组意见。

填入《结题论证书》（或《成果鉴定书》）中的"课题组主持人以及核心成员名单"可以和《申报评审书》中的"主持人以及核心成员名单"不同。主持人的变更需在课题研究中期便向课题立项机构提出书面申请，获得批准后方可更换主持人。核心成员的变更则完全取决于课题主持人。一般而言，在课题研究中未取得任何成绩者不必列入核心成员名单。当下，相当数量的省市课题管理机构严格把控课题研究的核心成员，凡不能提供显性的课题研究成果（如教学论文）者，其姓名就不会出现在结题证书之上。

"成果简要说明"通常以列表的方式呈现课题研究中的成果主件和附件，需有明细目录。其中属于出版物的要注明出版物或出版社。此模块的内容，决定着课题是否能够顺利结题，相关的课题研究者是否能够列入课题结题证书的核心成员名单。如果一项省级课题在"成果简要说明"中未列出主持人公开发表的论文、公开出版的论著，则该课题便"一票否决"，只能延期结题。我所在的学校曾经有一项省规划课题就因为结题时主持人缺少公开发表的论文，延期了一年结题。当然，前提是这一年内主持人公开发表了一篇教学论文。学校还有两项市级课题，主持人因为始终未能发表与课题研究相关的论文，结果超过了结题的最后期限，被注销了课题。

"成果简要说明"在论文、论著之外，还包括示范教学、主题讲座等其他形式。在表格上填写这些内容时，要分项呈现。

下面展示的这个"成果简要说明"，摘录自我主持的江苏省第十期教学研究课题《基于"主体实践性阅读"理念的"三度"语文研究与实践》。在填写《结题论证书》时，我从七个方面提炼了相关研究成果。

本课题主要研究成果，体现为专著、合著、编著、系列论文、论文、课堂实录、案例分析、示范教学、主题讲座等形式。

具体包括：

（一）学术专著

1.《追寻语文的"三度"》(教育科学出版社，2012年12月)

2.《中学语文经典文本解读》（中国轻工业出版社，2013年7月）

3.《重构教师思维》（中国轻工业出版社，2015年1月）

（二）合著、编著

《家长和孩子必知的100种现代学习方法》（安徽师范大学出版社，2014年1月，樊彩萍、刘祥）

（三）系列论文

1."高中语文选修课教学的构想与实践"系列：《选修教材的文本属性与课程属性》《选修课的功能定位》《选修课的教学策略》《选修课的能力培养策略》《选修课的评价策略》。

2."文学类文本教学的五大抓手"系列：《身份，走进主题的名片》《关键词，打开真相之门的钥匙》《细节，破译文本意义的密码》《问题串，走向深度阅读的必由之路》《编者意义，让语文成为语文》。

（四）论文

1.人大复印报刊资料全文转载的论文：《人人都有桃花源》（《初中语文教与学》2013年第9期);《情智落差与课堂三"度"》（《高中语文教与学》2014年第5期);《文学鉴赏题复习中的"忌"

与"宜"》(《高中语文教与学》2015年第2期);《归来的〈氓〉,想说爱你依旧难》(《高中语文教与学》2015年第6期)

2.《追寻目中有"人"的文本研读》(《中学语文教学参考》2013年第3期)

3.《长文短教,教学目标是根本》(《新语文学习》2013年第1期)

4.《〈项脊轩志〉抒情方式解读》(《语文建设》2013年第5期)

5.《那一口两千七百岁的黑锅》(《语文教学通讯》2013年第5期)

6.《给牢骚穿一件隐形衣》(《中学语文》2013年第11期)

7.《架一座心桥,走进文言》(《教学考试》2013年第27期)

8.《给夸张作一个注释》(《语文教学通讯》2014年第1期)

9.《语文教学,需要"合纵连横"》(《教学月刊》2014年第11期)

10.《让语文成为跨时空的学习载体》(《新课程研究》2014年第8期)

11.《文学鉴赏题复习中的"忌"与"宜"》(《中学语文》2014年第7期)

12.《同课异构中的"三定"原则》(《中学语文教学参考》2014年第11期)

13.《还原语文教学的"育人"属性》(《人民教育》2014年第23期)

14.《归来的〈氓〉,想说爱你依旧难》(《中学语文》2014年第12期)

15.《"长文"如何"短教"》(《教育研究与评论》2015年第1期)

16.《阅读教学的价值诉求》(《教育研究与评论》2015年第2期)

(五)课堂实录

1.《我的叔叔于勒》教学设计(《中学语文》2013年第2期)

2.《荷塘月色》课堂教学实录——《语文课的"另一番样子"》(《教育研究与评论》2014年第11期)

3.《一滴眼泪换一滴水》课堂教学实录——《在对话中走进文本深处》(《教育研究与评论》2015年第7期)

(六)案例分析

1.《语文,不是一种简单的存在》(《中学语文教学参考》2014年第5期)

2.《用"问题串"串联起课堂》(《教育研究与评论》2014年第12期)

3.《课程,绕不开的语文之结》(《中学语文教学参考》2015年第4期)

(七)示范教学、主题讲座

1. 2013年4月,课题主持人受邀赴广西柳州,执教示范课《张衡传》,开展专题讲座,宣传"三度"语文的教学主张。

2. 2013年7月,课题主持人受邀赴福建沙县,执教示范课《装在套子里的人》,传递"三度"语文教学思想和主体实践性阅读理念。

3. 2013年10月,课题主持人受邀赴广西桂林,以广西新课改首席指导专家的身份,执教示范课《春江花月夜》,开展选修教学专题讲座。

4. 2013年12月,课题主持人受邀赴广州,在全国语文名师精品课堂上执教《登高》,开展主题讲座,宣传"三度"语文思想和主体实践性阅读理念。

5. 2014年7月,课题主持人受邀赴重庆涪陵,开展专题讲座,传递"三度"语文教学思想和主体实践性阅读理念。

6. 2014年7月,课题主持人受邀赴浙江庆元,开展专题讲座,阐述文本解读的策略与方法,传递"三度"语文教学思想和主体实践性阅读理念。

7. 2014年7月,课题主持人受邀赴浙江杭州,开展专题讲座,阐述小说阅读教学的策略与方法,传递"三度"语文教学思想和主体实践性阅读理念。

8. 2014年10月,课题主持人赴湖南永州,执教示范课《我的叔叔于勒》,开展专题讲座,推介"三度"语文教学思想。

9. 2015年4月,课题主持人赴陕西麟游,开展专题讲座,阐述语文学科教学的相关理念。

10. 2015年5月,课题主持人受省教研室委托,执教"教学新时空"观摩课《一滴眼泪换一滴水》,推介"三度"语文教学理念。

11. 2015年7月,课题主持人赴新疆新源,开展专题讲座,推介"三度"语文教学思想。

12. 2015年8月，受邀赴黑龙江省鸡西市开设示范课，执教《林教头风雪山神庙》，并开展《做一名"五心级"语文教师》主题讲座，展示"三度"语文教学思想。

13. 2015年11月，受邀赴江苏省无锡市开设示范课，执教《一个人的遭遇》，开展《小说教学中的长文短教》主题讲座，展示"三度"语文教学思想。

用作课题研究成果的"示范教学"或"主题讲座"，均需提供具体的佐证材料，如邀请方出具的相关证书，印刷成册的活动手册，或者是有图文信息的各类宣传报道。

"成果的理论与实践价值概述（包含成果的社会效益）"属于课题结题论证汇报的重点内容。在《结题论证书》（或《成果鉴定书》）上填写此模块内容时，要注意言简意赅，不要用成果研究中的具体工作和具体成果取代了对成果的理论价值和实践价值的概括解析，也不要只是简单重复《申报评审书》上列出的课题研究价值。《申报评审书》上填写的"研究价值"属于未经验证的预测价值，《结题论证书》（或《成果鉴定书》）上填写的"成果的理论与实践价值概述（包含成果的社会效益）"属于被实践验证为正确的价值。

例如，在我参与研究的教育部重点课题《普通高中课堂教学价值取向的定位与实践研究》的《结题论证书》中，课题组就从文献资料研究成果、案例调查分析研究成果、普通高中课堂教学价值取向定位理论建构相关成果和普通高中课堂教学价值取向定位实践成果四大部分对"成果的理论与实践价值概述

（包含成果的社会效益）"进行提炼，系统而概括地阐释了课题的理论价值、实践价值，以及形成的社会效益。

下面这些文字，就是课题组对该课题的实践价值（包含成果的社会效益）的概述。

本课题研究不仅理论成果丰硕，而且实践辐射效应显著，常州、扬州、泰州、徐州等大市课堂教学调查表明，课题研究改变了老师的课堂教学价值观，从只关注"分数"转向全面育人，提升了教师的职业幸福感；课题研究让课堂生命在场，学生享受着学习与成长的快乐。具体情况如下：

1. 理论成果的学科辐射。以扬州大市为主做价值引领的历史课堂教学，目前已辐射到南京、苏南、盐城等地。过去的历史课堂，老师无价值意识，上课都是为了应试，就是读、背、写、练，主要应付高考，现在完全不一样了。一个老师的课堂教学价值观，对整个课堂教学应该起到引领作用，他有什么样的课堂教学价值观，就应该有什么样的课堂教学。

2. 以实验学校为龙头引领区域发展。在徐州地区，以徐州高级中学为代表的课题实验学校，提出"办走进生命的学校，做价值引领的课堂"，目前已形成一个地域的特色。

3. 以项目为抓手实践课堂价值观导向。在整个课题研究项目组中，有52所学校和数百位研究者，他们成长的过程，从量上来看，速度非常快；从质上来看，转变了这一支队伍的课堂教学价值观。因为转变了这个价值观，他们形成了我们这个团队的教育观、教学观、课堂观、学生观、发展观、评价观、教师观，等等。"一元主导，多元共融"的课堂价值观导向，决定了各门学科的取向，走出应试教育，走向生命教育，在这方面，我们不是一般性的实践，而是"有心有味，有质有量"的实践。

4.以主题论坛为平台辐射课题成果。在近年的论坛主题活动中，全省52所高中科研基地学校确立了一些主题："促进学生自主学习的课堂教学改革""在共同体中提高学生学习力""实现学科能力生根的学习过程优化""数字化环境中的学生个性化学习""以学生发展为中心的学习文化建设"等，这些主题的确立，都是受到"一元主导，多元共融"课堂价值观的定位影响。

5.在高大（高中大学）合作中提升课题研究的内涵与影响力。在本课题的研究过程中，我们还加强了高校与基础教育的联系，课题组与江苏第二师范学院外国语学院的师生合作，组织12名学日语、芬兰语、英语的在校学生，对日本、芬兰、美国的课程价值进行了国际比较研究，从课程体系、衔接教育、多元能力等方面进行了深入访谈和系统比较。此外，我们还与南京师范大学何善亮教授联系，和教授、博士生、硕士生等一起，就教育价值这个领域内的共同话题进行研究，引起了高校师生对教育价值的思考。

此案例中的文字表达还需要进一步凝练，但其概括视角和着力点都值得学习借鉴。这五大方面的内容，均建立在扎实的实践行动基础之上，又跳出了对具体实践活动的简单描述，体现出较好的概括性。

"鉴定组意见"是现场验收的专家团队对课题研究的综合性评价，由课题验收组负责填写。此项内容对于课题研究团队的价值，在于课题组需要依照鉴定组的意见修改完善课题的《结题论证书》（或《成果鉴定书》），补充必要的佐证资料。

二、依照课题结题的具体要求，写好课题《结题报告》

《结题报告》与《结题论证书》（或《成果鉴定书》）的最大差异，在于《结题报告》不仅要呈现研究成果、阐释研究价值，还要对课题研究全过程进行回顾。

《结题报告》在回顾研究全过程时，可依照序时进度分块介绍从立项到结题开展的主要活动和取得的主要成绩。一般而言，可从研究初期、研究中期和研究后期三部分进行归纳。其中，研究初期的过程回顾需包含对课题研究背景和研究意义的概述、对课题核心概念的界定与完善、对课题研究目标的确立与修正等内容，研究中期的过程回顾需包括各项具体研究内容的落实与调整、研究过程中的方法应用与变化等内容，研究后期的过程回顾需侧重于阐释成果的凝练、应用等内容。

例如，在《〈基于"主体实践性阅读"理念的"三度"语文研究与实践〉结题报告》中，我就分别围绕"选题的确立以及核心概念的界定与完善""研究过程及方法""研究成果""存在的问题"四点内容进行总结。其中第一点内容侧重阐释研究过程中核心概念阐释的不断发展与不断完善。第二点内容重点阐释"课题的前期准备阶段""课题的确立与申报阶段""课题的研究阶段""课题的总结阶段"开展的体系化研究活动。第三点内容详细介绍前面提到的七个方面的研究成果。第四点内容是在既有成果的基础上提出新的思考。

在阐释第二点内容四个不同研究时段的活动与成果时,既要关注研究内容的落实与调整,又要关注研究方法和具体措施的应用与变化。内容摘要表述如下。

遵循总的研究方略,我们实施了如下研究措施。

1.转变教师角色行为,解决课题研究的前提和根本问题。

在研究的初始阶段,我们一方面强化对主体实践性学习理论和"三度"语文研究成果的理解,另一方面特别注重在教学实践中定位教师角色。一是平等参与……二是跟踪指导……三是随机评价……

2.突破研究难点,避免研究误区,为课题研究的深入展开铺平道路。

首先是突破难点的研究……在课题研究的第一阶段,我们就集合众智、众力,以此为突破口展开研究。我们清楚地认识到……

此阶段的研究,主要包括问卷调查、现状分析、课堂实践、成果总结。经过近一学期的研究实践,学生的问题意识、质疑能力普遍增强,课堂面貌大有改观,之后,我们及时总结了研究成果。

其次,在研究的中期阶段,我们加强理论学习和研讨,深化对"主体实践性阅读"内涵的理解,对"三度"语文课堂的价值认知和过程认知，避免走入研究误区。

我们针对以下几种情况进行了研讨：

其一，教师在进行阅读教学时，要求学生用大量精力和时间去搜集整理资料，把学习目标定位于多方面了解科学、文化甚至美学知识，导致语文课上成了生物课、政治课、美学课……完全迷失了语文课的本性。其病症主要体现为未能准确丈量语文的宽度。

其二，教师为了活跃课堂气氛，体现学生的主体地位，常常让学生表演课文内容，但由于学生对课文的理解能力有限，再加上表演不到位，因此热闹之后，学生只剩下对课文内容的一点粗浅认识，更谈不上教师对学生阅读能力的有效培养。其病症主要体现为未能合理营造课堂的温度。

其三，为充分发挥学生的主体作用，教师在教学中实施"非指示性"阅读教学法，即把文章完全交给学生，教师不做任何指点。让学生自己提出问题，合作探究问题，对学生的理解也少有点评或限制，这看似自主、合作、探究式的教学，但由于学生阅读水平、人生阅历有限，致使他们的阅读始终在原地徘徊，没能真正提高学生的阅读能力和探究品质。其病症主要体现为未能有效拓展语文的深度。

针对以上情况，课题组组织了多次理论学习和研讨，从而准确把握了主体实践性阅读教学的内涵，明确了"三度"语文课堂的研究方向，形成了立足常规教学，努力拓展主体实践性阅读的思路模式、积极践行"三度"语文实践的教学思路，及时避免了研究误区，为研究的深入展开铺平了道路。

3.提出实施"三度"语文教学的具体方法,调整课题组教师的日常工作状态,保证课题研究的质量。

具体如下:

第一,强化课前预习作业的完成,做到心中有数。

主题实践性阅读教学鼓励学生发现和解决问题,强调将学生的认知水平和教师的日常教学内容紧密结合起来,从而使教师教学成为目标明晰、方法得当的有效活动。课前预习作业可以很好地帮助教师在教学时心中有数,同时也能帮助学生发现有价值的问题。

第二,完善阅读教学环节,打造高效教学情境。

在既有的"走进文本—走进作者—走进生活—走进文化—走进心灵"的"五走进"教学框架中,力求教学流程的规范合理。在五个环节的所有细节安排上,也注重最大限度调动学生的主动学习意识,努力营造最佳问题情境,使课堂教学和学生课前预习作业能够有机衔接为一个完整的整体,使语文教学能够在课程目标的引领下健康行走在高效规范的路径中。

此外,主体实践性阅读理念指导下的"三度"语文教学法,特别重视学生独特的内心感受,鼓励学生发现问题、解决问题。这些特点决定了课堂的开放性,课堂必然会出现许多新信息。如果教师这时死守既有框架而缺乏变通,必然限制课堂教学的展开,所以,主体实践性阅读理念指导下的"三度"语文教学法在具体文本教学的实践中,又强调因材而异的灵活性。比如"走进作者",就依照文本内容与作者生平的关系而灵活处理,并不拘泥于主题实践性阅读模式的第二板块。

第三，抛弃模式概念，重视教学反思。

课题研究一开始就鼓励教师抛弃模式概念，鼓励教师自己先要有信心，根据自己的思考和实际情况设计教学。于是，在新的教学状态下，教师不久就显出自己的个性，出现一些很有价值的研究课。这时，我们又开始鼓励教师按"模式理论"总结自己的每一课，反思自己的教学行为，并及时做好记录，从而在操作上把教师的日常教学和研究紧密结合起来。

4.课题研究的细化阶段，重视合作与交流。

我们在遵循统一的研究宗旨的前提下，又依照研究内容，为课题组成员确立了各自的研究重心。比如，针对"五走进"教学环节的研究，可只选择其中的一个环节进行重点突破。再如，围绕着"三度"的研究，可只选择其中的某一维度进行专题攻关。又如，结合高中语文教材的文体特征，对四大文学体裁（诗歌、小说、散文、戏剧）以及在教材中比重大、难度高的文言文进行教学探索。在这一阶段，课题组成员明确分工，明确研究内容，各负其责，形成统一的研究体系。同时，我们也特别注重合作与交流，通过研究课、观摩课、阶段性成果交流等形式，共同参与，共同研讨，以确保研究质量。

上例虽只是对一个具体课题的研究过程及取得的成果进行总结盘点，但从中可以发现课题《结题报告》在内容设置以及文字表达上的应有特征。一切课题的研究都必然存在着对预设目标、预设内容、预设序时进度、预设成果的调整与修正，《结题报告》必须将这些调整与修正列出来并进行必要阐释，要体现出随着研究的逐步深入而形成的认知变化与实践变革，体现出不同研究阶段的新发现、新主张和新成就。

三、做好成果的整合归档，提供有说服力的佐证材料

基础教育阶段的课题研究成果，从教师层面而言，主要体现为著作、论文、课堂实录、案例分析、示范教学、主题讲座等。从学生层面看，则主要体现为因课题实验而开展的各种活动以及带来的各种变化，比如能力的养成、素养的提升。课题组在归总研究成果时，不能只从教师层面搜集整理相关资料，更应该注意课题研究对学生的影响，注意从学生的学习实践中归纳提炼。

此外，我们还应该归纳整理课程研究过程中开展的各项问卷调查，要将每次调查时使用的问卷以及对问卷进行的分析、形成的结论等资料依照时间顺序集中归档。如果课题研究涉及各类型的实验，也要将实验方案、实验数据、实验成果等信息依照序时进度进行归档。课题组每次集中研修时的会议记录，也需归档。课题组开展的示范教学或专题培训活动，同样需要归档。每次主题研修活动，应尽量形成活动方案，有活动通知，有签到表，有活动现场的照片，有活动之后的新闻报道。

学生在与课题研究内容相关的各种竞赛中获得的奖项，也可以用作课题研究的佐证资料。比如课题研究的是生活作文这个主题，所教班级的学生在省级作文竞赛中获得了特等奖或者一等奖，就足以印证此项研究的价值。

成果的影响与辐射，是认定课题研究价值的一项重要依据。一般而言，一线教师的一般性课题研究成果，通常需关注特定区域内所取得的效果。比如，某课题研究的是高中英语的某种教学技法，则该课题组至少每学期应该在所在区县范围内开展一次教学展示或主题讲座，要向区县内的同行推荐自己的研究成果。如果能将自身的课题研究和所在学校的校园开放日结合起来，和区县教研机构的教学活动结合起来，当然也就更具说服力。

单位或团体层面上的重点课题，在成果整合归档上需要做的工作要比一线教师的一般性课题复杂得多。比如我参与研究的江苏省重点资助课题《县域农村薄弱初中"活力—探究型"课堂学习模式研究》，在预备申报结题的一段时间内，就组建了一个专门的团队对各项研究成果进行凝练，不但从理论和实践两个层面上形成了四部著作，而且召开了面向全省的课堂教学改革成果汇报展示活动。参与课题研究的数十所学校更是全员参与，收集整理了众多的学生作品，开展了形式多样的才艺展。在课题结题论证的当天，还特意开设了两节汇报课，把课题论证专家请到课堂上，让他们亲身体验学习模式变化带来的学习质态的根本性改变。

对课题研究中取得的各类成果的有效归档整合，不但有利于课题的结题论证，而且为课题的后续研究提供坚实的基础，为进一步申报省市教学成果奖做好必要的准备。把这些工作做仔细、做扎实，既是对课题结题论证的负责，也是对历时多年的教育教学探究的负责。

后　记

执教高三的我终于在职业生涯的最后一年度过了一个完整的寒假。利用这20余天的假期，我不但以每天一个章节的写作进度完成了本书第二辑的全部内容，还优哉游哉地回到安徽老家待了5天，见了亲人，见了几个有着40年交情的老同学，看了县里最大的那座水库和水库边层层叠叠的数亿岁高龄的巨石，看了一些尚可称为风景的田园风物。此外，我还写了几篇约稿，读了几本文学作品，看了一部热门的贺岁片，和一群好朋友痛快地喝了几场老酒。

更难得的是，我可以在假期里随心所欲地睡懒觉。尽管有时依旧会6点多起床，但那是自己想要起来，而不是被早读课逼迫着起来。在假期里6点多起来的我，依旧可以神清气爽，兴高采烈，全不是工作日的那种无精打采的样子。

2023年，我参与了新教育网络教师学习中心的教师在线培训活动。我发现自觉参与网络研修的教师中，小学教师占据了绝对的主力地位，高中教师却寥寥无几。高中教师都不需要专业发展了吗？答案人人皆知，事实却与答案相悖。高中教师之所以极少有人参与网络自主研修，最主要的原因不过一个"忙"

字。从早晨6点多一直"忙"到晚间11点多的人，哪儿还有时间、精力和心情"自我充电"？

但这绝不是教师应有的生命质态。真正优秀的教师，无论处于什么样的学段，面对什么样的工作压力，都不会因为忙碌而丢失了自我，都不会放弃对自身生命的雕塑。真正优秀的教师必然明白成就自我与成全学生之间的辩证关系，他们不会满足于做春蚕，而是乐意于做火炬，既照亮他人，也照亮自己。

我写这本书，就是试图用教育科研这个杠杆，撬一撬"忙"这块压在基础教育阶段千百万教师身上的大怪石。我想让读到这本书的同行知道，唯有走出平庸的"忙"，走进主动的教育科研之中，教师才能逐步回归育人本位，才能建立起必要的教育理性，才能一步步挣脱各种枷锁，成为纯粹的教育者。

本书的第一辑，主要论述教育写作。我经常受邀开设教育写作的各种主题讲座或专题培训，深知教育写作对教师专业发展的重要性。我也知道，绝大多数的同行之所以要学习教育写作，往往是因为迫于职称压力。但我相信，总有一部分教师会出于对教育的由衷热爱、出于对教育教学规律的不懈探索而开展教育写作。所以，我愿意将我的经验与认知拿出来和同行分享。

本书的第二辑，源于我对2023年11月的一次省级课题中期检查的感想。当我以评委的身份阅读数个已经立项并开展研究的省级课题相关资料时，却发现课题主持人对自己的课题普遍存在着认知缺陷。这些缺陷几乎涉及课题申报与研究的全过程。于是我想，一定要写一部系统介绍课题研究的书，让同行了解课题申报与研究的最基本要求，让课题研究真正服务于教师的专业成长。

其实，我虽拥有30年的课题研究经历，却并不真正洞悉课题申报与研究中的各种密码。我能够呈现给读者的，只是自身的一些经验。这些经验未必一定能够支撑起同行的各种研究课题，但至少可以用来参考或比对。

除了在行政层面申报、审批、立项的各级各类课题，我更希望同行能如我一样依照自身的兴趣、用数十年时间瞄准一个专题深挖下去。我们的课题研究固然可以服务于我们的职称晋升和评优评先，但更应该服务于自身的专业成长。

在写作此书的过程中，为了解决对某些问题的认知困惑，我不得不阅读一些参考资料。这样的阅读拓展了我的视野，也在一定程度上提升了我的能力。阅读永远是这样，总能在一些节点上拨开迷雾，让思维清晰，让目标明确，让行动更有力量。我希望我的这本书，也能给同行一些帮助。

今天，天降瑞雪，气温陡降。寒冷的冬天总让人觉得无法释放生命的活力，希望我们的教育切勿如此寒冷，它应该永远桃红柳绿，春意盎然。

感谢所有值得感谢的生命与力量。在生命中的第五个本命年，在职业生涯的休止符处，我依旧有足够丰盈的情怀憧憬理想中的教育。我想，此后的数十年间，我还是会一如既往地为了理想的教育而折腾吧。

2024年2月22日写于古镇真州